# 30 % Windstärke

Für Klara

*Bats are having*
*a good time in Greece.*
*It's warm*
*and they can fly.*
*This song will be*
*our masterpiece.*
*Der allerletzte Schrei.*
*They call me*
*Delta Bat.*

(The world famous Havana Cowboys – Delta Bat)

**Andreas Puchebuhr**

# 30 % Windstärke

… und vorne wird der Walfisch fett.
Die schlechteste Seereise
aller Zeiten geht weiter.

Bibliografische Information der Deutschen Nationalbibliothek:
Die Deutsche Nationalbibliothek verzeichnet diese Publikation in der Deutschen Nationalbibliografie; detaillierte bibliografische Daten sind im Internet über http://dnb.dnb.de abrufbar.

Umschlagfotos: Andreas Puchebuhr

Herstellung und Verlag:
BoD – Books on Demand, Norderstedt

ISBN: 978-3-8482-5165-0

# Prolog

*„ ... und Gott nannte das Trockene Erde, und die Sammlung der Wasser nannte er Meer. Und Gott sah, dass es gut war."*

Ganz klar: Der zweite Tag war Gottes Sternstunde, was natürlich nur sinngemäß gemeint ist, weil die Sterne erst am dritten Tag erschaffen wurden. Mit der tollen Idee, seinem neuen Planeten ein Meer beizupacken, hat mir der liebe Gott einen großen Gefallen getan. Sonst hätte ich statt Seemann Bergsteiger werden müssen, und das ist deutlich anstrengender. Außerdem mag ich die Klamotten nicht. Viel zu klobige Schuhe. Karohemden und gedeckte Farben. Vermutlich wegen der Gämsen. Aber das kann ich nicht beweisen. Zumindest hat mir diese kühne Behauptung schon wieder 18 Zeichen inklusive Leer- und Satzzeichen eingebracht. Schließlich muss ich ein dickes Buch voll kriegen. Aber das werde ich wohl auch so schaffen.

Meine Seefahrerkarriere hat nun schon ein paar Jahre auf dem Buckel. Damit war nicht zu rechnen, als ich an jenem denkwürdigen Tag im Mai 2002 meine recht spontane erste Weltumsegelung antrat. Schon nach wenigen Seemeilen traf ich mit Hulapoko einen von seiner Panflötengruppe vergessenen Indio, der mir fortan nicht nur ein treuer Gefährte, sondern ein wahrer Freund werden sollte.

Inzwischen bin ich ein international geschätzter Autor und Globetrotter. Es gibt kaum ein Meer, das ich nicht befahren und nur wenige

Kaps, die ich nicht umschifft habe. Meine zahlreichen Patente, vom kardanisch aufgehängten Bierdeckel bis hin zum LED-Großsegel für das Kinoerlebnis unterwegs, sind inzwischen auf jedem gut sortierten Fahrtensegler zu finden. Darüber hinaus habe ich über eine seriöse Internetseite für 39,- Euro die Ehrendoktorwürde der Universität Irkutsk in Exorzismus verliehen bekommen. Wer weiß, wofür das mal gut ist.

Auch Hulapoko hat es in seiner Heimat weit gebracht. Allerdings wurde ihm vorletztes Jahr der Titel des Konteradmirals h.c. wieder aberkannt, nachdem er mit einem Jetski auf dem Titicacasee sturzbetrunken in das Tretboot der peruanischen Wirtschaftsministerin Mercedes Araoz gekachelt ist. Aber neben seiner florierenden Panflötenschule in Lima vertreibt er seit Neuestem über *www.hulaponcho.com* exklusive Ponchos, gestickte Deckchen und Panflötenzubehör. Sein 2011er Soloalbum „Sea Fart Dreams" hielt sich mehr als 60 Wochen in den Peruanischen Charts. Wir telefonieren noch immer häufig, wenn auch nicht lange, denn die Deutsche Telekom berappt für 10 Minuten ins peruanische Festnetz aus meinem Call & Surf Comfort Tarif unverschämte 9,90 Euro! Hätte ich statt Hulapoko damals einen Slowenen kennengelernt, bräuchte ich nur 0,49 Euro löhnen. An was man alles denken muss.

Während ich diese einleitenden Zeilen schreibe, neigt sich wieder ein Jahr seinem Ende entgegen. Gestern ist eine Taube vor meine Fensterscheibe geflogen und hat mir einmal mehr die Vergänglichkeit unseres irdischen Gastspiels vor

Augen geführt. Wäre ich diese Taube gewesen, würden meine verehrten Leser so vieles nicht erfahren. Vielleicht wäre das für den Einen oder Anderen nicht weiter schlimm. Aber meine Gedanken sind bei all denen, die wie ich keinen Fernseher im Schlafzimmer haben. Nicht, dass ich das nicht möchte. Aber ich habe vor einigen Jahren in meinem repräsentativen Wohnzimmer selbst Parkett verlegt und das Ganze derart auf Knirsch, dass ich schon nach wenigen Tagen einen Rodelberg aus Buche natur im Raum hatte. Beim Versuch, etwas Spannung aus der Sache zu nehmen, habe ich dummerweise das Antennenkabel zum Schlafzimmer gekappt. Aber das nur am Rande.

Zum Glück sehe ich den fehlenden Fernseher in meinem Schlafzimmer nur sehr selten, denn die meiste Zeit schlafe ich in der Koje meiner geliebten „Sea Fart". Um genauer zu sein, der „Sea Fart 3". Der aufmerksame Leser wird noch wissen, dass ich mein 22 Fuß langes Prachtstück wegen des Medienrummels nach der ersten Reise umgetauft hatte. Wie lange das schon wieder her ist! Und noch immer spüre ich jenes salzige, nach Tang und verwesenden Muscheln duftende Feuer in meinem Herzen. Ich höre die Gischt wie Brausetabletten an fernen Gestaden schäumen und singe mit kräftigem Mezzosopran das Lied der Vollmatrosen: „Meine Liebe ist das Meer, meine Heimat sind die Wellen."

# Bad Bevensen

*Die Stadt ist alt,*
*die Menschen älter.*
*Die Sommer sind warm,*
*die Winter kälter.*
*Ein plätscherndes Flüsslein*
*den Ort durchtrennt.*
*Es liefert uns Wasser,*
*wenn die Heide brennt.*
*Der letzte Mensch*
*vor Jahrzehnten geboren.*
*Es ist die Stadt der Rollatoren.*

Diese Verse über meine niedersächsische Wahlheimat habe ich als prominenter Einwohner für ein lokales Anzeigenblatt verfasst. Es wurde durchaus konträr diskutiert, was mich eher unfreiwillig in die Nähe eines Günter Grass gedrängt hatte. Für mich jedoch unverständlich, denn im Gegensatz zu seinem letzten Gedicht war meins wenigsten eins.

Ich erinnere mich noch gut an Hulapokos ersten und letzten Besuch in Bad Bevensen. Das Wetter war nicht gut. Hulapoko war schlechter. Tagelang quälte er den erbarmungswürdigen blauen Fahrschulgolf in kurzen Sprüngen über den stillgelegten Parkplatz vorm ehemaligen Intermarchè. Gerd Gerlach war ein erfahrener Lehrer. Mitglied im Niedersächsischen Fahrlehrerverband und durch nichts aus der Ruhe zu bringen. Normalerweise. „Himmelarsch! Mann! Ist das denn so schwer? IST DAS DENN SO BE-SCHISSEN SCHWER?!?!?! Mann! Ich beiss hier

8

gleich ins Lenkrad! Seit einer Woche! Seit EINER WOCHE! Herr Poko!" Mit zitternden Fingern nestelte Gerlach die zwölfte Zigarette dieser Fahrstunde aus der Packung und quarzte das innen über und über mit „Rauchen verboten!" – Aufklebern gepflasterte Auto zu. Der Mann war am Ende. Und Hulapoko? „Iche nich könne fahre ohne musica, Señor!" „Du könntest auch nicht fahren, wenn die kompletten Göttinger Sinfoniker auf der Rückbank säßen! Mann! Langsam! Langsam kommen ... SCHEISSE!" Schon wieder. Ich saß auf einem kleinen Angelhocker abseits des Geschehens und riss mir die zweite Halbliterdose Astra auf. Hauptsache, Hulapoko schlachtete die Karre nicht, denn dann könnte mich Gerd Gerlach nicht mit zurück in die Stadt nehmen. Dass er ausgerechnet diesen abgelegenen Parkplatz für die ich weiß nicht wievielte Fahrstunde meines Gefährten gewählt hatte, konnte ich ihm nicht verdenken. Nachdem vorgestern zirka 300 Schaulustige auf dem üblichen Parcours rumgelungert hatten, war es Gerlach zu bunt geworden. Ganz klar. Hulapoko war auch in meiner niedersächsischen Wahlheimat ein Star. Den ursprünglich „auf ein paar Tage" terminierten Kurzurlaub bei mir und meiner lieben Frau wollte er  nutzen, um endlich den Führerschein zu machen. Allerdings war durch die erbärmlichen Fahrkünste des Indios unsere gesamte Zeitplanung durcheinander geraten.

Mittlerweile war Hulapoko seit 4 Wochen hier und meine Frau spontan vor 3 Tagen zu ihrer Mutter in den Harz gezogen. Vorübergehend. Trotzdem hatten Hulapoko und ich jede Menge

Spaß. Besonders löblich fand ich, dass er seinem Freund und Kapitän nacheiferte und über alles und jeden Buch führte. Hulapoko wusste aber nicht, dass ich dass wusste, denn eigentlich war ich nur auf der Suche nach einer vollen Bierdose, als ich unter seiner bestickten Nackenrolle auf das Tagebuch stieß:

## Fahrschultagebuch von Hulapoko

Erstes Tag. Puta Madre! Is nich möglich. Warum ziehen Griff müssen? Klinke man drücken. Señor Gerlach guter Mann. Helfen. Käp'm Puta. Sitzen trinken Bier. Üben, üben. Türgriff. Nachmittags ich erstes Mal innen. Sehr schönes Volkewagen. Keine musica! No Radio. Nicht gut. Aber viele Button. Luft.

Zweites Tag. Das Griff! Nich möglich. Versuche. Axolotl! Señor Gerlach halten Tür auf wie mich eine Frau ich. Soll aufmerken. Macht viel Señor Gerlach. Beine. Hände. Uns bewegen wie auf Schiffe! Sagen komme lasse. Komme lasse. Will musica. Darf no Bier in Pause. Sagen Señor Gerlach. Käp'm blau. Ich nachmachen. Nicht will.

Tag Tres. Wie ging Tür? Möchte weine. Señor Gerlach weinen. Käp'm lache. Señor Gerlach sage laufe zu Fuß heute. Nich laufe wolle, deshalb Hitlerschein. Käp'm sage, dass Hitler nicht Führer von Schein. Puta! Wofür Historia in Schule. Hatte Eins! Heute früh Schluss. Señor Gerlach wohl Todesfall. Gehe mit Käp'm in Bodega zu Bier.

Vier Tag .Großes Freude. Heute Morgen Tür schon auf. Señor Gerlach sitzen. Sagen soll auch sitzen. Soll nehmen Steuer. Suche Pinne. Wo ist verficktes Pinne. Dann gefunden, aber soll nicht nehmen, weil Handbremse heißen. Señor Gerlach zeigt Rad rund. Anschnallen. Will nicht wegen Poncho Falten. Señor Gerlach rufen anschnallen. Will nicht. Feierabend."

## Der Anfang vom Ende des Anfangs

Hulapoko hat noch heute keinen Führerschein. Kurz nachdem Gerd Gerlach für mehrere Wochen in der Psychiatrie verschwand, überführten Hulapoko und ich einen Urlaubssegler nach Newcastle, um die horrenden Kosten für das Fahrschulabenteuer meines indianischen Kurgastes abzufedern. Das heißt, wir VERSUCH-TEN das Schiff zu überführen. Ich weiß heute nicht mehr so genau, was passiert war. Jedenfalls gingen wir uns schon nach 26 Seemeilen auf den Keks und stritten über Dinge, die uns normalerweise ein herzliches Lachen aus den Lungen gepresst hätten. Los ging es mit der Diskussion, ob das Ding da am Himmel unserer ersten Nacht auf See der große oder der kleine Wagen oder gar – wie Hulapoko felsenfest behauptete – der Chemische Ofen sei. Selbst mein Hinweis, dass der Chemische Ofen zusammen mit der Luftpumpe 1750 von Nicolas Louis de Lacaille eindeutig auf Höhe des Kaps der guten Hoffnung lokalisiert wurde, brachte den Schlaumeier nicht von seiner abstrusen Meinung ab. Gegen 23:40 Uhr gerieten wir dermaßen aneinander, dass keiner von uns beiden eine Fähre der DFDS Seaways bemerkte, die zufällig das gleiche Ziel und blöderweise dieselbe Route wie wir hatte. Der materielle Schaden war beträchtlich, wenn auch versichert. Allein die seelischen Narben, die unser kollektives Versagen nach sich trug, sollten uns für längere Zeit entzweien.

Heute weiß ich, dass dies einer akuten maritimen Agoraphobie geschuldet war. Das kennt man - natürlich ohne den maritimen Ansatz - gelegentlich von berühmten Musikgruppen. Zum Beispiel hängen sich Mötley Crüe nach jahrzehntelangen Exzessen dermaßen gegenseitig zum Hals raus, dass sie mittlerweile sogar in getrennten Tourbussen unterwegs sind. Im Rahmen einer Autogrammstunde konnte ich mich mit deren Leadsänger Vince Neil dazu austauschen. Der verlebte und schon leicht angeheiterte Musikant war sichtlich gerührt, als ich ihm nicht nur mein Buch signierte, sondern auch ein paar Worte an ihn richtete. Und einmal mehr musste ich feststellen, dass Seemänner und Rockstars in einem Boot sitzen, auch wenn das jetzt sehr an den Haaren herbeigezogen klingt.

Ein in unseren Breiten gänzlich unbekannter südkoreanischer Meerespsychologe hat einmal die Menschheit mit einer kleinen Flotte Segelboote verglichen. Im ersten Boot - nennen wir es von mir aus die „Ursula" - sitzen die Buchhalter, CNC- Dreher und - Fräser sowie die Kurzwarenhändler. Im zweiten Boot, einem lustigen gelben GFK - Kielschwerter namens „Black Pearl" sitzen alle Polizisten, Sportlehrer, Maler und Lackierer und Schaffner. Ein drittes Boot hört auf den klangvollen Namen „La Santissima Trinidad" und befördert Melker, Ergotherapeuten, Versicherungskaufleute und Möbeltischler. Und in einem Boot, von mir aus die „Sea Fart", sitzen die Rockstars, Seeleute und Wurstfachverkäufer. Und so weiter. Es gibt Tage, an denen segelt die kleine Flottille harmonisch beieinander. Es gibt Tage, da möchte der Versicherungskaufmann mal eben auf der „Sea Fart" mitsegeln und der Möbeltischler mit dem Kurzwarenhändler tauschen. Aber es gibt auch Tage, manchmal Wochen, da wirft ein wütender Sturm all diese hübschen Boote mit ihrer hoffungsfrohen Besatzung wild durcheinander, sodass keiner mehr weiß, was überhaupt los ist. Oder so ähnlich. Man muss bedenken, dass mir der Gelehrte diese Weisheit in einer Abart seiner koreanischen Muttersprache, dem sehr seltenen Dialekt der Insel Jeju, offenbart hatte.

Wie auch immer. Hulapoko und ich kamen zu dem Schluss, dass es mit der Freundschaft ist, wie mit einem guten Leerdamer. Er muss reifen und hat Löcher. In einem solchen Loch befanden wir uns zu dem Zeitpunkt. Wir verabschiedeten uns bei einer Dose Holsten am Kiosk des Hundertwasserbahnhofs Uelzen. Das heißt, eigentlich waren es vier Dosen, weil der Metronom nach Hamburg mal wieder Verspätung hatte. Wann und wo und würden sich unsere Wege überhaupt noch einmal kreuzen? Davon soll eine andere Geschichte berichten. Vielleicht schon im Laufe dieses Buches.

# Wale: Essen und Trinken

Es war irgendwo vor Japan. Wenn man auf einen Globus guckt, links neben dem unteren Knubbel. Eine Gegend also, in der meines Wissens noch nie ein erwähnenswerter Karate- oder Monsterfilm gedreht wurde. Noch nicht mal Godzilla. Und das will was heißen. Für japanische Verhältnisse ist dies gleichbedeutend mit dem Arsch der Welt. Was hatte mich überhaupt wieder nach Japan verschlagen? Es war ein Fachartikel, den ich für die japanische Ausgabe des Magazins „Essen und Trinken" verfasst hatte. Eigentlich war er irrtümlich veröffentlicht worden, weil irgendein überforderter japanischer Lektor Probleme mit der deutschen Zeichensetzung hatte. Mein Artikel hatte die Überschrift „Wale: Essen und Trinken". Daraus hatten die Barbaren aus Nippon irrtümlich „Wale essen und trinken" gemacht, ohne auf den weiteren Inhalt zu achten. Und so wurde mein an und für sich recht interessanter und politisch völlig korrekter Bericht inmitten von Kochrezepten für Walschulterschnitzel und Rückenflossentartar auf Kiemenjus veröffentlicht.

# Wale essen und trinken

Immer wenn ich in einem guten Restaurant sitze und auf den Teller vor mir schaue, frage ich mich unwillkürlich: Muss das sein? Brauche ich wirklich 3 Thüringer Klöße? Muss eigentlich unbedingt Butter unter das Thüringer Mett und hätte es ein halber Truthahn nicht auch getan? Ich weiß, mit wie wenig ein Mensch zufrieden sein kann. Spätestens seit meiner letzten Havarie vor der kanadischen Küste. Ich hatte einen Buckelwal gerammt. Nicht er mich, wie das sonst so üblich ist. Sondern ich war dermaßen in ein Kreuzworträtsel vertieft, dass ich bei mittlerer Brise schnurstracks auf das an der Oberfläche dösende Tier aufgefahren bin. Ich wäre auch mit einem Eisberg kollidiert. Oder der Brooklyn Bridge oder von mir aus der MS Deutschland.

Buckelwale sind dermaßen hart, dass das Schiff sofort sank. Zum Glück war es nicht meins, sondern eine Bavaria 40, die ich für einen Freund, der danach keiner mehr war, nach Hawaii überführen sollte. Hinterher war mir sowieso schleierhaft, warum ich dabei an Kanada vorbei gekommen bin. Jedenfalls steckte ich in einem ziemlichen Schlammassel. Um einen eventuellen Ertrinkungstod musste ich mir zunächst keine Sorgen machen, denn der Wal hatte von der Kollision überhaupt nichts mitbekommen. Da kann man mal wieder sehen, was Bavaria für Nussschalen baut. In meinem Fall war es ausnahmsweise für was gut, denn ich konnte mich erst mal auf dem Buckel häuslich einrichten und meine Lage überdenken. Am Horizont war die Küste zu erkennen. Ich rechnete nach. Faustformel: 3,57 mal Wurzel aus Augenhöhe. Der Wal ragte ca. 2 Meter aus dem Wasser. Ich saß, also befanden sich meine Augen insgesamt 2,84 über dem Wasserspiegel. Die Wurzel aus 2,84 ist 1,685226995 und ein paar zerquetschte. Mal 3,57 macht rund 6 Kilometer. Das konnte ich locker schwimmen.

Allerdings hatte ich heute noch nicht gefrühstückt, weswegen mein Magen knurrte. Die ganze Verpflegung war mit dem Schiff untergegangen. Meine erste Idee, einfach ein Stück aus dem Wal zu beißen, verwarf ich schnell wieder. Erstens wusste ich nicht, ob ich mir die Zähne rausbrechen würde, und zweitens könnte der Meeresriese eventuell ungehalten reagieren. Allerdings brachte mich der Wal auf die zündende Idee.

Wenige Sekunden später schwamm ich mit kräftigen Bewegungen im Wasser und schlug mir auf dem Weg an die Küste so richtig den Bauch voll. Wie ich das gemacht habe? Mit dem uralten Waltrick. Ich habe mich von Krill ernährt. Alles was man braucht, wenn man aufgrund seiner natürlichen Physis keine Barteln hat, sind lückenlose, gepflegte und dicht beisammen stehende Zähne. Bei Madonna würde der Trick nicht funktionieren. Bei jedem Schwimmzug tauchte ich mit offenem Mund unter und presste beim Ausatmen das Wasser zwischen den Zähnen wieder raus. Was hängenblieb, waren nahrhafte Kleinstlebewesen, Garnelen und Wasserflöhe. Durch das Wasser war diese kalte Fischsuppe, wie ich meine Mahlzeit später scherzhaft nannte, sogar gut gesalzen. Pappsatt ging ich 5 Stunden später in der Nähe von Vancouver an Land.

Allerdings ist dieser nützliche Trick nicht in allen Regionen der Weltmeere praktikabel. Wenn ich daran denke, was in meinem letzten Bulgarienurlaub am Goldstrand so alles im Wasser rumgeschwommen ist. Aber da gibt es ja auch keine Buckelwale, mit denen man kollidieren kann.

# Treibgut aus Sachsen

Ich war nun bereits 2 Tage durchgesegelt und gerade damit beschäftigt, mir mit Blick auf den Sternenhimmel Gedanken zu machen, warum Sternbilder nicht in 3D sind, als ich von pockernden Geräuschen aus dem Inneren der „Sea Fart 3" aufgeschreckt wurde. Wie von einem Stingray gestochen, schnürte ich nach unten und sah den Salat. Mein Chemieklo schwamm von links nach rechts und klopfte munter an die Bordwand. Das Meer stand knietief in meiner gepflegten Kajüte! Wo kam das verdammte Wasser her? Flugs griff ich meine Taucherbrille und schaute mir den vor einer Stunde noch furztrockenen Fußboden von Nahem an. Ich musste nicht lange suchen. Ungefähr ein Dutzend zirka 10 Zentimeter lange, mit Zacken bewehrte Nasen sägten munter von draußen nach drinnen an meinem Schiff herum. Kein Zweifel, ich war in eine Sägefischschule geraten! Unaufhörlich drang Meerwasser ein. Hier waren Eile, ein kühler Kapitänskopf und Erfindungsreichtum gefragt. Zum Glück hatte ich mir in Japan ein paar deutschsprachige Zeitschriften für unterwegs gekauft. Das *Goldene Blatt*, die *Landlust* und auch den *Metal Hammer*. DAS Fachmagazin für Freunde harter Rockmusik, welches ich soeben auf dem Kartentisch entdeckte. Mein Gehirn erfasste sofort die sechs rettenden Buchstaben: H A M M E R! Der war in meiner gut geordneten Werkzeugkiste rasch gefunden. Und so begann ich, die Sägenasen krumm zu hauen. Das hatte zum einen den Effekt, dass die garstigen Kreaturen nicht weitersägen konnten. Zum andern wirkten die umgehämmerten Nasen stark abdichtend. Die erste Gefahr war gebannt. Selbst wenn da draußen noch weitere Sägefischwelpen herum schwammen, dürfte sie meine beherzte Aktion ziemlich abgeschreckt haben. Ich hörte zumindest das charakteristische „Ratzeratze" nicht mehr. Dafür aber etwas anders: Flump!

Ich rannte zurück an Deck. Was ich dann sah, war einer der erbärmlichsten Ersteindrücke, der mir je untergekommen ist. „Hülfe! Holnse misch hiar raus, bidde ..." Ein dicker junger Mann mit Kochuniform, ungefähr in meinem Alter, aber mit deutlicher Halbglatze und Schnauzbart trieb auf einem riesigen Plastiksack vor meinem Bug. Ich hatte Mühe, ihn an Bord zu hieven. Also den Koch. Der Sack dagegen war federleicht. „Pffff ... pffff ... donke. Pfitzenreuder." „Wie bitte?" „Pfitzenreuder mein Name. Jörn. Jörn-Marie eijentlich." „Angenehm." Irritiert schüttelte ich die dargebotene fleischige Hand mit den Wurstfingerchen. „Schbin von Bord jefollen. Vonner AI-DAplu." Im Gegensatz zu mir hatte der Typ den Krieg gegen seinen Dialekt schon vor dem ersten Schuss verloren. Um die Geschichte flüssig zu halten, wähle ich fortan den literarischen Trick der geschriebenen Übersetzung. Wer will, kann die Zitate der Person Pfitzenreuter aber gern mit einem stark ostthüringisch/grenzsächsischen Dialekt lesen, weil es unfassbar lustig ist. Das schreibe ich auch als Hinweis für eine eventuelle Drehbuchadaption, die unbedingt erwünscht ist, weil man von reinen Buchantiemen keinen Goldhamster ernähren kann. Im Gegensatz zu meinem Erstling halte ich dieses Werk für absolut verfilmbar. Außer vielleicht alles ab Tunguska. Aber soweit sind wir ja noch nicht. Kurzum, der fette Jörn-Marie und das Wasser in der Kajüte drückten meine gute „Sea Fart 3" ganz schön nach unten. Und dann war da noch der Sack. „Was ist denn da drin?", wollte ich wissen. „Japanische Reisplätzchen. Von der AIDAblu." Die Antwort brachte mich sofort auf eine Idee. „Ausschütten! Alles raus da. In die Luke!" Jörn-Marie hatte nicht den Hauch einer Chance, seiner Verwirrung Ausdruck zu verleihen. Grob nahm ich ihm den Sack aus den dicken Armen, riss ihn auf und schüttete den ganzen Inhalt in meine Kajüte. Aus der äußeren Backskiste holte ich eine Flasche Yamazaki. „Los Jörn-Marie. Japanische Festwochen bei McDonalds. Hinsetzen, trinken, abwarten!" Da der arme Kerl noch ganz nass war, holte ich das Vorsegel runter und wickelte ihn erstmal darin ein. Whisky trinkend schauten wir in der nächsten Stunde zu, wie die japanischen Reisplätzchen mein Innenschiff trocken saugten. Währenddessen erzählte mir Jörn-Marie aus seinem Leben.

## Kochen bei Seegang

Mein Name ist Jörn-Marie Pfitzenreuter. Ich wurde am 15.04.1971 in Schkopau geboren. Schkopau ist bekannt wegen Plaste und Elaste. Wessis lachen gern an dieser Stelle. Fälschlicherweise. Das heißt nämlich sehr wohl Plaste, weil es verschiedene PLASTIKsorten gibt, die in ihrer Gesamtheit dann eben Plaste sind. Ähnlich wie bei Gymnasiast und Gymnastik. Oder so ähnlich. Jedenfalls stand für mich früh fest, dass ich später beruflich mal was mit formbarer Masse zu tun haben würde. Ich habe mich für Fleisch und Gemüse entschieden. Mein erstes Gericht habe ich mit 3 Jahren zubereitet. Aus Rotkohl und Kartoffeln habe ich mit der Gabel zunächst eine Motschepampe gemacht, die ich dann mit beiden Händen zu einer Art Blutwurst geknetet habe. Mutti war begeistert. Das große Aha-Erlebnis hatte ich dann ein Jahr später, als ich meine erste Halberstädter Bockwurst selbst heiß machen durfte. Während ich fasziniert auf die tanzenden Fettaugen auf der Wasseroberfläche im guten Emailletopf starrte, trat mein Opa in Küche. Blöderweise kam er aus dem Wohnzimmer, wo das Fenster wegen seiner ständigen Pfeifenraucherei aufstand, während Mutti natürlich das Küchenfenster ob des aufsteigenden Wasserdampfes geöffnet hatte. Jedenfalls gab es entsetzlichen Gegenzug. Das Wurstwasser wurde dermaßen aufgewühlt, dass ich dieses Bild mein Leben lang nicht vergessen sollte. Und mittendrin, wie die MS Deutschland im brodelnden Pazifik, schwamm meine Halberstädter Bockwurst. Von diesem Tag an wusste ich, dass mein zukünftiges Leben begleitet werden sollte vom symbiotischen Dreiklang aus Wasser, Sturm und Kochen.

Mit 19 bemerkte ich dann, dass mir selbst heftigste Schräglagen nichts ausmachen. Mein Hausarzt schiebt das auf einen Defekt im Gleichgewichtssystem. Das kommt vom Pars Petrosa, dem Labyrinth im Felsenbein. Bei der Nationalen Volksarmee war ich natürlich auch in der Küche.

Küchenbulle. Aber das war nicht mein Dienstgrad. Ich konnte mich in der Nachtschicht immer super hinter den Herd zum Schlafen abrollen. Natürlich erst, nachdem ich die Ladung Rinderhälften für die Suppe am nächsten Tag zerhackt hatte. Unglaublich, auf was für Gedanken man dabei kommt! In einer solchen Nachtschicht ist mir mal eine Schabe ins Ohr gekrochen und hat sich im Labyrinth verlaufen, wo sie dann auch gestorben ist. Das hat man aber erst später rausbekommen. In der Zwischenzeit hatte sich mein Kopf so an die Schabe im Ohr gewöhnt, das eben mein Gleichgewichtssinn total durcheinander ist. Seitdem kann man mich im rechten Winkel zum Boden auf das Matterhorn stellen, und ich falle nicht um. In einer Schiffskombüse ist das von unschätzbarem Wert. Ich hätte auf der sinkenden Titanic bis zum Schluss am Herd stehen können und nichts bemerkt. Also wurde ich Extremwetterkoch. Ich habe in den wildesten Stürmen, unter den verwegensten Skippern am Herd gestanden. Ich erinnere mich noch sehr gut an eine Lachslasagne, die ich für Sir Bernhard Stockwood an Bord der „Bitch of New Orleans II" mitten im schweren Seebeben 2005 vor Sumatra zubereitet habe. Ich musste quasi über Kopf arbeiten. Die Soße flog mir nur so um die Ohren. Trotzdem war der Käpt'n begeistert, weil ich bei meiner Lasagne immer eine Zwischenschicht Schafskäse einarbeite. Schade, dass damals kein Notar an Bord war. Dadurch bin ich erst ein Jahr später beim Zyklon Monica im Westpazifik Weltmeister im Extremwetterkochen geworden. Diesmal war ich besser vorbereitet. Die Vorhersagen waren eindeutig. Das einzige was mir fehlte, war ein Skipper, der wahnsinnig genug war, sich für meinen Rekordversuch bei diesem Scheißwetter draußen von mir bekochen zu lassen. Und das unter notarieller Aufsicht. Fündig wurde ich in Russland. Für meine Forelle Müllerin mit einer herzhaften Soljanka als Vorsuppe und Wodka Flatrate war der Moskauer Anwalt und Freizeitskipper Dr.Igor Taganinija als ideale Personalunion zu allem bereit. Es wurde ein Höllenritt! Taganinija verlor einen Finger, allerdings nicht im Sturm, sondern beim Versuch, mir nach zwei Flaschen Wodka beim Würstchen für die Soljanka schneiden zu helfen. Das bemerkte der Trunkenbold allerdings erst, als er sich über die Knochen in meiner Suppe beschwerte. Die Forelle ging im Sturm über Bord, konnte aber durch einen Tintenfisch, den die bis zu 20 Meter hohen Wellen in unser Schiff spülten, ersetzt werden. Ob das alles so geschmeckt hat, was ich mir letztendlich in der völlig verwüsteten Kombüse zurechtgekocht habe, weiß ich nicht. Dr.Taganinija hat jedenfalls aufgegessen, war allerdings auch lattenstramm. Aber das war mir egal. Denn nachdem wir dem brodelnden Monster entkommen waren, erklärte mich mein Kapitän und Notar zum offiziellen Weltmeister im Extremwetterkochen mit 12 von 12 möglichen Beaufort, was die Typen vom Guinessbuch ohne Widerworte anerkannt haben.

Momentan bin ich mit einer Extremkochshow als Stargast auf der AIDAblu gebucht. Seit meinem Weltrekord lebe ich von solchen Shows. Ich habe mir eine Rüttelplatte mit drehbarer Aufhängung bauen lassen, auf der meine Küchenzeile montiert ist. Das Teil kann sogar einen Überschlag! Ein bisschen habe ich da natürlich beim Schlagzeuger von Mötley Crüe abgeguckt. Aber bei dem ist es ja ein Schlagzeug und keine Küche, die durch die Luft fliegt.

Und heute Morgen bei der ersten Stellprobe an Deck ist mir bei der Vorspeise - Thunfischhäppchen auf japanischen Reisplätzchen - eine Feder von der Rüttelplatte durchgeschossen. Das einzige, was ich noch packen konnte, war der Sack. Der hat mir wohl das Leben gerettet."

## Ein Mann frisst sich durch

Und mir wahrscheinlich auch, Jörn-Marie." Ich war fasziniert. So etwas Abgefahrenes hatte ich noch nie gehört. Und ohne die blöden Reisplätzchen hätte ich mein Schiff nie wieder trocken gekriegt. Apropos. „Verdammte Scheiße!" Während wir uns verplaudert hatten, waren die japanischen Reisplätzchen dermaßen aufgequollen, dass meine ganze Kajüte dicht war. Jörn-Marie wusste Rat. „Wir fressen uns da durch." Und schon begann er, sich wie ein gigantischer Wattwurm ins Innere meines Schiffs zu knabbern. Zwei Stunden später jammerte der dicke Weltmeister zwar über Bauchschmerzen, aber meine gute „Sea Fart 3" war seit langem mal wieder so trocken wie ein 2004er Dehesa la Granja. Und ich hatte einen neuen Freund gefunden, was wir ausgiebig mit einer Kiste Löschzwerg feierten.

# Lebensmittelstatik

Wir kreuzten inzwischen vor Taiwan. Ich hatte Jörn-Marie Pfitzenreuter nach 12 Flaschen Löschzwerg und 8 doppelten Oldesloer Weizenkorn versprochen, ihn mit der „Sea Fart 3" zurück zur AIDAblu zu bringen. Schließlich hatte ich schon ganz andere Verschollene nach Hause gebracht. Zumindest grob in die Nähe. Die Wahrscheinlichkeit, dass Jörn-Marie an Bord der AIDAblu vermisst würde, war ziemlich gering. Er musste sehr früh am Morgen proben, damit er den Urlaubsbetrieb nicht störte. Sein eigentlicher Auftritt war auf den kommenden Donnerstag angesetzt. Dann sollte die AIDAblu in Hongkong liegen. Mein Plan war, den Kreuzfahrer auf seinem nächsten planmäßigen Zwischenstopp in Vietnam abzufangen. Das liegt von Taiwan aus links. Zumindest wenn man Richtung Quanzhou guckt. Eile war angesagt und ich quälte meine prächtige „Sea Fart 3" hart am Wind zu Höchstleistungen nahe der Rumpfgeschwindigkeit. Wir kamen super voran und es war eine Freude, mit Jörn-Marie zu segeln, denn er bekochte mich selbst unter widrigsten Umständen. Außerdem konnte er aus dem letzten Konservenschrott wahre kulinarische Perlen zaubern. Ich denke dabei noch gern an das gebackene Corned Beef im Trill-Mantel. Seit meiner Begegnung mit der treuen Möwe Mast-Horst damals vor den Kerguelen führe ich immer eine Packung Trill an Bord mit. Erst wollte ich protestieren, als ich mitkriegte, dass Jörn-Marie mein gutes Dosen-Corned Beef in Vogelfutter wälzen und panieren wollte. Aber mein Schiffskoch erklärte mir geduldig, dass die berühmten Naturjod-S11-Körnchen auch sehr gut gegen Skorbut und Fleckfieber sind. Also ließ ich mich überraschen und wurde nicht enttäuscht. Sehr lecker war übrigens auch der selbst gefangene Gelbkopf-Falterfisch (Chaetodon xanthocephalus) an Sauerkraut. Dazu korrespondierte hervorragend die Flasche philippinischer Kokosnusswodka, den mir ein Vertreter für Elektrowinschen mal geschenkt hatte.

Mit zirka 12 Kilo Übergewicht – Jörn-Marie dagegen hatte sich kaum verändert – erreichte ich unseren Zielhafen Nha Trang an der vietnamesischen Ostküste. Das erste, woran ich bei Vietnam immer denken muss, sind diese komischen Affen, die gar nicht wie Affen, sondern wie aufrecht stehende Marder mit Eishockeymaske aussehen. Aber Vietnam hat natürlich viel mehr zu bieten, als nicht wie Affen aussehende Affen. Zum Beispiel eine sehr französisch anmutende Hafenarchitektur, mit der uns Nha Trang bei strahlendem Sonnenschein begrüßte. Mein Ghettoblaster plärrte „Die fette Elke" von den Ärzten als Einlaufmelodie. Schließlich verstehe ich mich selbst in den entferntesten Häfen dieser Welt immer auch als Botschafter unserer deutschen Kultur.

Wir waren der AIDAblu offenbar dicht auf den Fersen, denn die Verkaufsstände mit ihren kitschigen Souvenirs direkt an der Kaimauer waren ratzekahl leer gekauft und noch nicht wieder aufgefüllt. Im Laufe der Jahre habe ich ein Auge für derartige Feinheiten entwickelt. Ich schätzte den Vorsprung des Ozeanriesen auf maximal 8 Stunden. Und zwar so: Zunächst muss man natürlich herausbekommen, was die Souvenirhändler anbieten. Daraus leitet man einen Produkt – und einen Rohstoffkoeffizienten ab. Beispiel: Topflappen und Holzskulpturen. Häkeln dauert länger als Schnitzen. Natürlich nicht immer, aber an Souvenirständen werden üblicherweise recht plumpe Schnitzereien angeboten. Je plumper desto volkstümlicher. Wie in der Musik. Jedenfalls hat ein Topflappen den Zeitfaktor 2, während das Schnitzwerk mit einer 1 auskommt. Dagegen spricht der Rohstoffkoeffizient eine andere Sprache. Wolle kann man im Handarbeitsgeschäft um die Ecke kaufen. Die Wälder Vietnams liegen dagegen weiter im Landesinneren. Ergo kommt man deutlich schneller an Wolle, als an Schnitzholz. 1:3 für Wolle. Das ganze muss man dann mit dem Verhältnis der Größe der Verkaufsfläche zum durchschnittlichen Platzbedarf des Verkaufsobjektes multiplizieren und noch ein paar weitere, recht komplexe Berechnungen anstellen, die ich aber nicht weiter ausführen möchte, damit das hier nicht zum Mathebuch ausartet. Mathe fand ich immer doof. Deshalb hatte ich dort auch meine schlechteste Zeugnisnote. Eine schwache Eins minus. Ist aber auch egal. Denn in Anbetracht der Gewissheit, dass ich den Vorsprung auch selbst hätte ausrechnen können, machte ich es mir diesmal einfach und fragte einen der Verkäufer, wann denn die AIDAblu ausgelaufen sei. Vor drei Tagen, erfuhren wir konsterniert. So daneben hatte ich noch nie gelegen. Es nutzte nichts. Jörn-Marie und ich mussten uns eingestehen, dass wir selbst unter Mithilfe meines wütenden 5 PS starken Yamaha Außenborders nicht den Hauch einer Chance gegen einen 24800 kW starken Elektrodiesel hatten. Doch wer den Hauch packt, wird selbst zum Sturm, hat mein Opa mal gesagt. Noch blieben uns zwei Tage bis zu Jörn-Maries Auftritt. Wir beschlossen, trotz der Aussichtslosigkeit unserer Lage keine Zeit zu verlieren. Dazu mussten wir uns Mut antrinken. Weil ich zur Abwechslung mal keinen Bock auf Sterneküche hatte, steuerte ich zielsicher eine McDonalds-Filiale an. Die sind auch überall. Sogar in Vietnam. Man kann mit Fug und Recht behaupten, dass Coca Cola und McDonalds deutlich effizienter als die U.S.Army agieren. Vielleicht steckt ja die CIA hinter McDonalds. Man setzt zielstrebig die zu unterjochenden Völker einer schleichenden Verfettung aus, und schlägt zu, wenn der Gegner sich nicht mehr bewegen kann. Und die schwarze Zuckerbrause gibt den Ureinwohnern dann den Rest. Vermutlich wurde dieser Plan sogar von Dick und Doof ausgeheckt. Aber ich will nicht meckern. Es geht schnell und in der Juniortüte ist immer eine nützliche Dreingabe bei. Hier in Vietnam war das eine lustige Ho Chi Min - Figur, die ein ohrenbetäubend kakophonisches Lied plärren konnte. Mit Technobeat unterlegt. Wahnsinn! Zu essen gab es frittierten Reis mit Mayo und einen Wasserbüffelburger. Dazu tranken wir Bier aus Plastebechern. Beim Anblick der Becher wurde Jörn-Marie sentimental: „Ich will zurück nach Schkopau." „Du hast einen Job, Jörn-Marie. Du hast einen verdammten Auftrag! Die Menschen auf der AIDAblu freuen sich auf Dich." Doch mein kochender Freund war total ömmelig: „Ich MUSS das nicht tun. Ich muss nicht arbeiten. Da!" Er zeigte auf die Tafel mit den hübschen Menüfotos, die überall auf der Welt gleich aussehen. Nur dass das Maximenü in Vietnam viel kleiner, dafür aber bunter ist, als das in Uelzen. „Da! Der Big Mac. Das war ich!" „Wie? Du warst ein Big Mac?" „Neee. Die Statik, Mann. Die ist von mir." Und einmal mehr überraschte mich Jörn-Marie mit einer schier unfassbaren Geschichte:

## Lebensmittelstatik

Ich war intellektuell nicht ausgelastet. Immerhin stamme ich aus einer berühmten Familie. Mein Urgroßvater hatte 1910 das Headbangen erfunden. Der Beweis befindet sich noch heute in einer kleinen Kirschholzkiste auf dem Kaminsims meines Vaters. Es ist ein Brief meines Urgroßvaters Traugott Leberecht Pfitzenreuter an keinen Geringeren als Kaiser Wilhelm II. Den Wortlaut kann ich auswendig:

*Hallo Herr Kaiser, ich habe heute das Headbangen erfunden. Und das kam so. Als ich zum Frühschoppen ins Gasthaus zum Socken in der Barfüsserstraße unter dem Dom kam, war die Theke rappelvoll. Auf meinem Hocker saß Tischlermeister Stahl, der sonst nie in die Kneipe darf. Wegen seiner Frau. Aber der Pastor hat gerufen. Los, quetsch Dich noch zwischen, das passt. Und so tat ich. Heute war Blasmusik und die Kapelle spielte mein Lieblingslied ,Ein Hund kam um die*

*Ecke und stahl dem Koch ein Ei.' Anstatt nun wie sonst nach links und rechts zu schunkeln, was wegen der beengten Verhältnisse nicht ging, schüttelte ich meinen Kopf von vorn nach hinten. Im Takt. Plötzlich rief der Pastor. Mensch Traugott-Leberecht! Du hast soeben das Headbangen erfunden. Also erlaube ich mir, Euer Gnaden hochachtungsvoll das Patent zur wohlwollenden Be ....*

Der Rest des Briefes ist leider von einem dicken Soßefleck unleserlich geworden. Allerdings sind wir Pfitzenreuters sicher, seitdem im Besitz der Patentrechte für das Headbangen zu sein. Und daher wollte auch ich der Welt etwas Bleibendes hinterlassen. Beim Kochen ist ja immer das Blöde, dass alles was man schafft, keine halbe Stunde später aufgefressen wird. Also habe ich an der Fernuni Hagen nebenbei Bauingenieurswesen studiert. Schwerpunkt Statik. Denn ich hatte einen Plan. Hast Du in den Neunzigern mal einen Big Mac gegessen? Ja? O.K. Ich sag nur Einsturzgefahr. Was fällt Dir bei einer Dönertasche nach dem dritten Bissen auf? Richtig! Das ganze Gelumpe fällt links und rechts aus dem Brötchen. Apropos Brötchen. Fischbrötchen mit Bismarckhering. Wenn Du Dich nach hinten durchgebissen hast, ist außer dem angegammelten Rest vom Salatblatt und etwas Tunke nichts mehr in der Semmel. Lebensmittel brauchen Statik! Und so wurde ich staatlich  anerkannter Lebensmittelstatiker. Als erstes habe ich mir den Big Mac vorgenommen. Die simple Lösung des alten Problems war die Verteilung der Gurkenscheiben. Ich habe die dritte Scheibe erfunden! Als Dir in den frühen Neunzigern das verdammte Teil noch vor dem ersten Biss zwischen den Händen zusammengebrochen ist, waren lediglich zwei Gurkenscheiben AUF dem Salatblatt! Mit Einführung der dritten Scheibe, kleeblattförmiger Positionierung der Scheiben an den Rändern direkt auf dem oberen Klops und UNTER dem Salatblatt habe ich dem Big Mac die Stabilität gegeben, die ihn heute erfolgreicher denn je macht. Natürlich wären 4 Scheiben und der Wechsel von Kräuselsalat zu simplen Blattsalat noch optimaler gewesen, aber das war den Amerikanern zu teuer."

## Hong Kong

Ich war baff. Wir schwankten zurück zur „Sea Fart 3" und legten ab. Während ich mit Dreieck und Zirkel auf meinem Globus rumstocherte, um den schnellsten Kurs nach Hongkong zu ermitteln, zauberte Jörn-Marie aus pürierten Algen und Dauerwurstwürfeln einen Gruß aus der Kombüse. Ein klassisches Einhandgericht. Der erfahrene Seemann unterscheidet sein Essen in Einhand – und Zweihandgerichte. Der Unterschied liegt buchstäblich auf der Hand. Ein Einhandgericht eignet sich sehr gut zum Verzehr an Pinne oder Steuerrad. Suppe ist klassisch Zweihand. Wer das nicht glaubt, kann ja mal versuchen, eine Buchstabensuppe bei Windstärke 10 am Ruder zu löffeln. Und wieder was gelernt.

Wir liefen noch vor der AIDAblu in Hongkong ein. Zunächst hielt ich das für eine meiner größten nautischen Leistungen. Später erfuhr ich dann, dass der Kreuzfahrer in die Hände von kambodschanischen Piraten gefallen war und sage und schreibe vier Wochen festgehalten wurde. Die AIDA kam unbeschadet drei Stunden nach uns in den Hafen. Ich musste einen fürchterlichen Zickzackkurs gesegelt sein. Die Freude über Jörn-Maries Rückkehr hielt sich in Grenzen, da ihn noch niemand vermisst hatte. Das ist das Blöde bei Alleinunterhaltern. Am ehesten fällt ein Verlust noch bei Duos auf. Man stelle sich nur mal vor, Modern Talking wären ohne Thomas Anders aufgetreten. Bei allem Respekt vor Bohlens kompositorischer Vielfalt. Aber eine Stunde nur dieses nasale Gefistel? Neee ... lass mal stecken. Oder noch krasser Cindy und Bert. Hat irgendwer auf diesem Planeten Bert jemals singen hören? Also ich habe nur Cindy gehört. Bert hat immer nur die Lippen bewegt und ansonsten Cindy lüstern von der Seite auf den Busen geschielt.

Jedenfalls lieferte ich den koppheister gegangenen Eventkoch wohlbehalten wieder bei seinem Arbeitgeber ab. Der zweite Offizier dankte mir vor versammelter Mannschaft und allen Gästen für diese vermeintliche Heldentat. Das empfand ich allerdings als Beleidigung, da ich schon den Kapitän erwartet hatte. So unter Kollegen. Aber mit einer kleinen Geste machte sein stellvertretender Stellvertreter diesen Fauxpas schnell vergessen. Da nämlich eine Passagierin sich während der Geiselnahme aufgrund eines akuten Stockholmsyndroms in den kambodschanischen Piratenkapitän verliebt hatte, war eine Koje frei geworden. Das war zwar blöderweise eine Doppelkabine, die ich mir mit dem verlassenen Ehegatten der Abtrünnigen teilen musste, trotzdem freute ich mich über die Einladung bis Manila an Bord der AIDAblu mitreisen zu dürfen. Die „Sea Fart 3" konnte ich solange in Hongkong festmachen. Irgendwie würde ich schon zurückkommen. Schließlich hatte ich schon mal nach einer Party vergessen, dass ich mit dem Auto angereist war und mich auf der Rückfahrt bei einer wildfremden Fahrgemeinschaft eingeklinkt. Das war allerdings nur von Hannover nach Bad Bevensen. Aber die Bedeutung der räumlichen Entfernung wird von uns Deutschen eh immer überschätzt. Das kommt noch von Deutsch-Dänischen Krieg. Deswegen werden wir auch niemals Baseball verstehen. Diese These muss ich leider unbegründet stehen lassen. Kennt der werte Leser das auch? Manchmal erinnert man sich nur noch daran, dass einem irgendwer irgendwas dermaßen plausibel erklärt hat, dass man fortan überzeugt ist, dass es genauso sein muss, aber man bekommt nicht mehr zusammen, warum. So geht es mir mit dem Einfluss des Deutsch-Dänischen oder auch Zweiten Schleswigschen Krieg auf das Entfernungsempfinden von uns Deutschen.

# Norbert

Der verlassene Ehemann hieß Norbert und freute sich über etwas Abwechslung nach dem schweren Verlust. Außerdem schien er gut betucht zu sein, denn er hatte für sich und seine

– ich nenne sie jetzt einfach mal Ex-Frau – eine Außenkabine Superior mit Balkon und Obstkorb gebucht. Ich bekam sogar die Betthälfte am Fenster. Norbert hatte das alles ganz schön mitgenommen. Zum Glück ist man als Seemann immer auch ein guter Psychologe: „Mensch Norbert, Du hast vielleicht eine Frau verloren. Aber dafür ist die tolle Extremwetterkochshow gerettet. Allerdings ohne japanische Reisplätzchen. Die sind für mein Boot draufgegangen. Willsten Bier?" Norbert nickte und schnäuzte sich. Auf seinem Nachtschrank stand noch ein goldgerahmtes Bild der Piratenbraut. Auf meinem  - na was wohl? - ein Bild von Norbert. Vor dem Taj Mahal. Kitschiger geht's ja wohl nicht. Das Ehebett war so ein ganz heißes mit gepolsterter Tigerrücklehne und integriertem UKW-Radio, wie man sie nur in guten Fachgeschäften wie Möbel Reck bekommt. Ich schaltete das Radio ein und sofort wieder aus. G.G.Anderson. Radio Niedersachsen. Die senden sogar in China! Ich dreh durch. Norbert holte derweil zwei Flaschen russisches Bier aus der Hausbar. Jetzt hat der Schröder für seinen Ölposten auch noch unsere gute deutsche Kreuzfahrtflotte an die Russen verkauft, dachte ich zornig, wurde aber von einer lauten Sirene aufgeschreckt. Feueralarm! Norbert und ich stürzten nach draußen.

Zwei Teakliegestühle und ein paar Handtücher waren abgefackelt. Jörn-Marie hatte bei seiner Generalprobe an Deck versucht, die nicht mehr vorhandenen Reisplätzchen durch flambierte Bananen zu ersetzen. Das war offenbar nach hinten losgegangen und just, als Norbert und ich nach oben kamen, kriegte der unglückliche Extremwetterkochweltmeister einen tierischen Einlauf vom Kapitän, dem ich mich bei dieser Gelegenheit gleich mal als Berufskollege vorstellte. „Ach Sie sind das." Was für ein arroganter Schnösel. Den wollte ich mir gut merken. Ich schnappte mir Norbert und Jörn Marie, um Hongkong zu erkunden. „Wir legen pünktlich um 23:10 Uhr ab, meine Herren! Pünktlich!" schrie uns der Schnöselkapitän noch hinterher.

## Karaoke

Oh my japanese Boy! Lalalalalalalalaaalaaaaaa ... ooh my japanese Booooohoiiiii ... oh my ... aargghhh!" Norbert stürzte rückwärts von der Bühne der kleinen, aber rappelvollen Karaokebar. Mein Kabinennachbar war total besoffen. Jörn-Marie und ich auch. Der DJ legte mit *W.M.C.A.* noch eine Schippe drauf. Unser Einsatz! Wir hievten Norbert, der aus einer Platzwunde am Kopf blutete, wieder zurück auf die Bühne. Jörn-Marie trug nur noch Tennissocken und Star Wars – Boxershorts mit Meister Yoda drauf. Die Chinesen waren völlig aus dem Häuschen. Ganz klar: Wir waren die Checker. „Und alleeee ... Wei Em Zieh Äi ... lalalalalalala ... Wei .. Em ... Zieh Ä – Hääää!" Ein kleiner, dicker Chinese, den ich schon mal in einem Werbespot für Instantreis gesehen hatte, worauf ich aber nicht schwören würde, spendierte uns eine neue Doppelrunde Tsingtao und Wodka. Aus dem Augenwinkel bemerkte ich, dass etwas auf die Bühne geflogen kam. Zu meiner Überraschung war es Jackie Chan, der spontan mitmachte. Als kurz darauf noch der bekannte Pianist Lang Lang die Bühne enterte und völlig entfesselt Luftgitarre spielte, wurde mir bewusst, dass wir einen lupenreinen Promischuppen aufgerissen hatten. Am hintersten Tisch entdeckte ich Ai Wei Wei, der aus Bierdeckeln und Kronkorken bizarre Installationen bastelte. Draußen hupte schwach ein Schiffshorn. „Ah, ein Tyfon 575.", dachte ich noch. Dann wurde mir schwarz vor Augen.

## Nächster Halt: Israel

Wann kommst Du? Kommst Du? Oooooohohohohoho-hooooooooo wann kommst Du? Kommst Du?" Ah. Dahlia Lavi. Ich war wohl kurz in der Karaokebar eingenickt. Aber wer sang denn da so furchtbar schief mit? Mein Kopf tat weh und ich musste wegen der Sonne blinzeln. Sonne? Ich war doch in einer Bar! Was zum Teufel? Und warum war ich gefesselt? „Das ist nul zu Ihlel Sichelheit. Falls Sie übelleagielen sollten. Helzlich willkommen in Islael." „Waaaas?" Vor mir saßen freundlich lächelnd Lang Lang, der Pianist, und ein mir unbekannter Herr mit Ringelzöpfen, Bart und einer stilsicheren Kapitänsmütze. „Wo bin ich?" „Wenn Sie mil velsplechen, nicht dulchzudlehen, nehme ich Ihnen die Fesseln ab." „Ich bin Skipper. Ich drehe niemals durch." „Also gut." Kaum hatte mir Lang Lang die Fesseln abgenommen, hatte ich ihm schon eine gescheuert. „Aua!" „Soviel fürs Erste. Und jetzt verlange ich eine plausible Erklärung." Ich weiß noch heute nicht, ob das, was mir der geheimnisvolle Starpianist anschließend erklärte, auch nur ansatzweise plausibel genannt werden darf. Aber was ist in meinem abenteuerlichen Leben schon plausibel? Abenteuer sind nur deshalb Abenteuer, weil sie die Grenzen des Alltäglichen sprengen. Weil sie den kühnen Protagonisten vor Aufgaben stellen, deren Lösungen jenseits eingetrichterten Schulwissens schlummern. Sie wach zu kitzeln, bedarf es einer besonderen Gabe: dem Wagemut. Und Lang Lang erzählte. Weil sich das genau wie Jörn-Maries Zonenslang bescheuert liest, habe ich Lang Langs R-L durch ein R ersetzt:

„Ich arbeite für den Mossad. Ich würde Ihnen das nicht erzählen, wenn Ihre Bücher eine nennenswerte Auflage hätten und ich aufzufliegen drohte." „Na hören Sie mal! Ich habe allein in Bad Bevensen über ..." Unwirsch wurde ich unterbrochen. „Ich bin Chinese, Mann! Wir denken in Milliarden. Warum ich für den Mossad arbeite, hat Sie nicht zu interessieren. Ich sage nur Daniel Barenboim. Als meine Auftraggeber erfahren haben, dass Sie in Hongkong sind, wurde ich auf Sie angesetzt. Hören Sie, wegen Günther Grass sind die deutsch – israelischen Beziehungen ..." „Wegen diesem beschissenen Gedicht, das gar keins ist?" „Unterbrechen Sie mich nicht! Ich möchte Sie an Ihr erstes Buch erinnern, in dem Sie Bezug auf Pablo Neruda nehmen. Ode an das Kind mit dem Hasen. Da reimt sich auch nichts. Es geht nicht darum, ob ein Gedicht ein Gedicht ist. Arnold Schönberg hat auch keine Musik komponiert. Oder haben Sie schon mal versucht, diesen Mist nachzuspielen?" Ich schüttelte ergeben den Kopf und wollte gerade klugscheißen, dass Prof. Weigls Harmonielehrekurse für Hanns Eisler auch Perlen vor die Säue waren, als Lang Lang schon weiterschwatzte: „Es ist in der aktuellen Phase der bilateralen Beziehungen unerlässlich, Zeichen zu setzen. Und da kommt es ÜBERHAUPT nicht gut, wenn deutsche Preisträger ihre Preise in Israel nicht abholen. Darf ich Ihnen Moshe Ahab vorstellen? Kapitän Ahab ist Präsident des Hanseatischen Yachtclubs Eilat / Ost, der Ihnen die Ehrenmedaille für ..." „ ... den ersten Platz bei der letztjährigen Totes Meer Regatta zugesprochen hat." Oh Mann! Spontan hatte ich ein schlechtes Gewissen.

Eigentlich wollte ich ausgerechnet dieses Rennen gedanklich schnell abhaken, weil man sich nichts Zähflüssigeres als einen Segeltörn auf dem Toten Meer vorstellen kann. Aufgrund des hohen Salzgehaltes sind selbst bei Windstärken um 12 Beauforts maximal Geschwindigkeiten von 2 Knoten zu erzielen. Die bescheuerte Regatta hatte fast 3 Wochen gedauert. In dieser Zeit segele ich normalerweise von Fehmarn nach Neuseeland. Außerdem hatte mir das Salz mein halbes Unterschiff ruiniert, sodass ich erst mal eine Werft aufsuchen musste. Dort wimmelte das Trockendock nur so von Ziegen, die meinen lädierten Festkiel als Leckstein missbrauchten. Ein Phänomen, das einheimische Segler nur zu gut kennen. Daher wird in jedem israelischen Hafen rund ums Tote Meer immer auch ein Schäfer beschäftigt, was eine professionelle Unterbodensanierung nicht gerade billiger macht. Als mir die Rechnung präsentiert wurde, war ich jedenfalls erst mal lang hingeschlagen. Auch die Erklärung, dass man ausschließlich koscheres Antifouling verwendet hatte, war nur ein schwacher Trost. Also hatte ich schnell Leine gezogen, als meine treue „Sea Fart 3" wieder startklar war. Und nun war ich also in den Fängen des Mossad, nur weil der bescheuerte Grass so einen Mist geschrieben hatte.

## Sonne Adam

Eilat ist die südlichste Stadt Israels und bis auf das Essen sehr zu empfehlen. Nachdem ich so nett gebeten wurde, konnte ich die Einladung des Hanseatischen Yachtclubs Eilat / Ost unmöglich ausschlagen. Zumal mir Moshe Ahab nicht nur die erfreuliche Mitteilung machte, dass die Ehrenmedaille mit einem kleinen Geldpreis verbunden war und für den heutigen Abend bereits ein rauschender Empfang für mich vorbereitet sei, sondern mir für letzteren auch gleich einen schmucken weißen Smoking mit Fliege und ein Paar Renè Lezard Slipper besorgt hatte. Die ganz feschen mit Bömmelchen obenauf. Lang Lang musste sich für die Party leider entschuldigen, da er ein Konzert in Dresden auf dem Zettel hatte. Ich beschloss spontan, dass ich bei der günstigen Gelegenheit gleich mal meine Buchumsätze in Israel ein wenig ankurbeln könnte. Zwar sind meine Werke noch nicht ins Hebräische übersetzt worden, aber ich setzte mich tagsüber in ein

Internetcafè, um den wissbegierigen Israelis mit Hilfe eines kostenlosen Onlineübersetzungsprogramms die Quintessenz meiner geistigen Ergüsse auf ein paar A5 - Seiten zusammenzutickern. Allerdings hatte ich später beim prüfenden Blick in die Gesichter meiner potentiellen Käufer leichte Zweifel an der Qualität der Freeware. Spaßeshalber habe ich zurück in Deutschland mal den Rückwärtstest gemacht und folgendes Ergebnis erzielt:

*„Mein erstes Reisen mit einem Segelboot war sehr Abenteuer. Ich wollte von Neustadt / Holstein zur Welt gehen. Aber ich traf einen Inder in großes Brot. Er war Hulahup Reifen. Wir wurden geärgert. Und es kam nach Polen."*

Und so weiter. Mein lieber Scholli. Dass der Abend dennoch ein großer Erfolg wurde, lag vor allem am Doppelten Eilater Koscherkorn. Aus Oliven! Der Stoff hebelte den ganzen Yachtclub inklusive Hafenmeister aus den Schuhen. Die Stimmung erreichte Ihren Siedepunkt, als nach dem Kompott die israelische Black Metal Band Sonne Adam einen Spontanauftritt hinlegte. Zufällig hatten die gestern in Eilat einen Gig und nutzten den heutigen freien Tourneetag zum Baden und Feiern. Dabei hätte ich schwören können, dass Black Metal Bands aus Prinzip nicht baden. Aber vielleicht ist das nur in Norwegen so. Wegen der ungünstigeren klimatischen Verhältnisse. Überhaupt ist Baden bzw. Schwimmen eine der unsatanischsten Sportarten überhaupt. Trotzdem beschlossen die Blackmetaller, Moshe Ahab, der Hafenmeister, der Schriftführer des Yachtclubs und ich gegen Mitternacht, noch einen amtlichen Arschbombenwettbewerb von der beliebten Eilater Harbour Brigde zu veranstalten. Von den folgenden Stunden fehlen mir ein paar Fetzen. Ich erinnere mich nur an meinen letzten Sprung. Nach Punkten lag ich klar vorn, denn in Sachen Arschbomben macht mir so schnell keiner was vor. Mein Finalsprung war allerdings sehr schlecht getimt, denn ich flog auf einen Schleppverband, der plötzlich unter der Brücke auftauchte. Zum Glück hatte der Datteln geladen, sodass ich weich landete. Bei einem Heimwettbewerb in Bad Bevensen wäre das nicht so glimpflich ausgegangen. Die Schleppverbände, die bei uns rumgondeln, haben in der Regel Kohle oder Schrott geladen. Nun ja. Die Datteln waren jedenfalls mein Glück. Kurz nach der Landung schlief ich ein.

## Es gibt ein Wiedersehen

Ich wachte zwischen Datteln wieder auf. Jedoch war ich nicht auf einem Schiff. Das merkte ich als Seemann sofort. Möwen schrien, Maschinen dröhnten und die Sonne knallte mir auf den Kopf. Man hatte mich einfach in irgendeinem Hafen ausgeschüttet. Schwer verkatert wühlte ich mich aus dem Dattelhaufen. Gott sei Dank war ich letzte Nacht so besoffen, dass ich in Klamotten von der Brücke gehüpft war. Allerdings hatten mein Smoking und die guten Renè Lezard Slipper etwas gelitten. Trotzdem erntete ich respektvolle Blicke, als ich vor eine kleine Gruppe Hafenarbeiter trat. „Hello my friends, which

Harbour?" Wie oft ich diese Frage schon gestellt habe. Die Antworten sind allerdings immer wieder überraschend. "Welcome to Akaba, Mister. Do you have Cigarettes?" Neee. Hab ich nicht. Jordanien! Hilfe! Ich musste hier erst mal weg. Grußlos ließ ich die wettergegerbten Gesellen stehen. Sollen die doch von uns Deutschen denken, was sie wollen. Ich hatte gerade andere Probleme. Über Jordanien wusste ich lediglich, dass die eine sehr hübsche Königin haben. Vielleicht sollte ich auch mal was anderes als die Gala beim Friseur lesen. Ziellos irrte ich durch den turbulenten, aber schäbigen Hafen. Nach einer halben Stunde war mir dermaßen heiß, dass ich die Fliege lockerte. Endlich erreichte ich eine Art Einkaufsstraße. Die wimmelte nur so von laut schwatzenden Eingeborenen. Nun hört sich jordanisch ja ganz nett an, aber die Schrift ist eine einzige Katastrophe. Die Straßenschilder und Leuchtreklamen waren selbst für einen Seemann mit kyrillischen Grundkenntnissen nicht zu entziffern. Allerdings hatte ich Glück im Unglück, denn Kneipen sehen überall auf der Welt gleich aus. Vor allem, wenn draußen ein Guinness – Leuchtschild prangt. Fast wahnsinnig vor Durst betrat ich das Lokal und musste mit Entsetzen feststellen, dass ich mein Portemonnaie verloren hatte und der Geldpreis nebst Ehrenmedaille noch im Yachtclub Eilat / Ost lag. Doch bevor mich die totale Verzweiflung packen konnte, richteten sich meine Ohren wie von Zauberhand auf. Von draußen war trotz des Großstadtlärms ganz zart eine Melodie zu vernehmen, die mir nur allzu bekannt vorkam: El Condor pasa! Dargeboten von einer Panflöte. Ich stürmte wie von Sinnen vor die Tür und drängelte mich durch die Massen. Immer den Noten nach. Und tatsächlich!

„Hulapoko! Was machst Du denn hier?" „Käp'm!" Mein treuer Gefährte und ich fielen uns in die Arme. Wenn jetzt aus dem Off noch die Winnetoumelodie gekommen wäre, hätte die Situation schon fast etwas Kitschiges gehabt. Eine Minute später saßen wir in der Guinnesskneipe.

„Käp'm, Du mit Schiffe?" „Nein. Die *Sea Fart* liegt noch in Hongkong. Erinnere mich bloß nicht daran. Aber was zum Teufel machst Du in Jordanien, Hulapoko?" Aufgeregt erzählte mir der Indio, dass sich seine alte Panflötengruppe auf einer Reuniontournee befinde und eigentlich heute in Kolumbien spielen sollte. Unglücklicherweise war Hulapoko aus Versehen in den falschen Flieger gestiegen. Allerdings hatte er das Glück, dass am Flughafen auch noch sein Handgepäck vertauscht wurde, sodass er jetzt lustigerweise mit Pass und Ticket des mexikanischen Topmodels Elsa Benitez unterwegs war. Die jordanische Flughafenpolizei musste völlig blind sein. Außerdem stellte ich mir bildlich vor, wie Frau Benitez konsterniert aus Hulapokos müffelnden Reisetäschchen eine alte Unterhose, die Ersatzpanflöte und einen hölzernen Tempeletl zu Tage beförderte. Jedoch konnte Hulapoko mit einer Flasche Chanel No.5, Lipgloss, Beinenthaarungspflaster und der aktuellen Vogue genauso wenig anfangen. Außer Pass und Ticket hatte die feine Dame offenbar überhaupt kein Bargeld dabei. So kennt man die Topmodells! Überall durchschnorren. Bevor mein treuer Freund und ich aufgrund akuten Geldmangels die Zeche prellten, tranken wir noch vier Guinness und gaben dann Fersengeld.

# O Sole Mio

Bereits nach wenigen Metern stellte sich heraus, dass ich im Gegensatz zu meinem Gefährten völlig overdressed war. Akaba war total runtergekommen und die Eingeborenen hatten sich im Verlauf der Evolution diesem Erscheinungsbild angepasst. Wir suchten ein Postamt. Unterwegs wurde ich in meinem weißen Smoking wie ein altägyptischer Sonnengott angestarrt. Dennoch war das mehr Schein als Sein. Wir hatten keine, überhaupt keine Kohle. Ich musste dringend ein R-Gespräch nach Deutschland führen und darauf hoffen, dass Pups ranging. Pups heißt eigentlich Pitti und auch das nicht richtig und ist Leiter der Geschäftskundenabteilung der Kreissparkasse Nordhausen. Es ist gut und wichtig, Menschen wie Pups zum Freund zu haben. Vor allem in meiner Situation. Doch wir wurden enttäuscht. Dank meiner rudimentären Jordanischkenntnisse erfuhr ich, dass heute Sonntag war und wie überall in der Welt, außer in Ländern, die keinen Sonntag kennen, hatte natürlich alles außer Kneipen zu. „Wolle singe?" „Wie bitte?" „Singe könne, dann Musikstraße mache und Geld!" Hulapoko strahlte mich an und auch ich war sofort Feuer und Flamme. Unser Comeback! Meinem Outfit entsprechend entschieden wir uns für Opernarien. Und so standen wir nur wenige Minuten später vor einer schäbigen Teestube und schmetterten „O sole mio". In Anbetracht der isolierten Lage Jordaniens ging ich davon aus, dass kein Schwein merkte, dass ich außer „O sole mio" nur noch „Una festa sui prati" auf italienisch sagen kann, letzteres in „O sole mio" aber überhaupt nicht vorkommt, weil es eine Zeile aus einem Adriano Celentano Klassiker ist, den ich erst im späteren Verlauf unserer Darbietung einzuwerfen gedachte. Kurzum, ich knödelte einen ziemlichen Scheiß zusammen. Auch Hulapoko flötete eher im Freejazz-Bereich. Dennoch warfen die arglosen Leute dankbar jede Menge Münzgeld in meinen für Spenden aufgestellten Lederslipper. Gerade radebrechte ich mich durch die nächste Strophe:

O sole mio
tutanko tu
proschutto Tango
Karalamu.

Karrambaaaaaa!
Lady Labambaaaaa!
Juventuuuus ...

„Aufhöre! Spaventoso!" Verdammt, wir wurden durchschaut. Der Zwischenrufer war ein grimmig dreinblickender Südländer, den ich anhand seiner rot und grün bekleckerten Kochschürze sofort als Pizzabäcker identifizierte. Sind die denn überall? Schlimmer als McDonalds! Ich entschärfte die Situation mit einem nahtlosen Übergang zu „Sah ein Knab ein Röslein steh'n", das mich als Muttersprachler zunächst unangreifbar machte. Im tosenden Schlussapplaus schnappte ich mir den Pizzabäcker und schob ihn dezent aber bestimmt zur Seite. „Still, Mann! Das ist ein Notfall."

## Romina Power

Wir waren sternhagelvoll und pappsatt. Massimo hatte ordentlich was springen lassen, nachdem wir ihm unsere abenteuerliche Geschichte erzählt hatten. Zwar war Arak keine typisch italienische Spirituose, aber Massimo erklärte, dass in diesen Breitengraden nichts anderes geht. Das erinnerte mich schmerzhaft an meine so ferne Heimatstadt, wo auch schon oft versucht wurde, unseren guten Doppelkorn durch minderwertigen Weizenfusel wie Hardenberger, Fürst Bismarck und ähnliche Verbrechen zu verdrängen. Und so tranken wir Anisbranntwein, aßen Pizza und lauschten Al Bano und Romina Power. Die fand ich früher total scharf. Also nicht den kleinen Schreizwerg, sondern die rassige Romina, bei der ich mich immer gefragt habe, was die an ihm findet. Allerdings muss ich auch zugeben, dass Romina nicht ansatzweise die Power in der Stimme hatte, die ihr Nachname uns weismachen wollte. Eigentlich wäre sie ohne den Kleinen ganz schön aufgeschmissen gewesen und hätte vermutlich in drittklassigen Ciccolina-Pornos mitspielen müssen, um Geld zu verdie-

nen. Al Bano hat das bestimmt schamlos ausge-
nutzt. Ich hätte das auch gemacht.

## Wenn's um Geld geht

Am nächsten Morgen hatte ich einen Schädel
wie der Elefantenmensch. Hulapoko sah
ebenfalls zum Fürchten aus. Massimo lachte und
erklärte uns, dass das vom unreinen Alkohol
kommt. In Jordanien macht man seinen Arak
wie die Russen den Wodka noch in der Wasch-
maschine und das sei zwar eine ziemliche Sauerei
aber halt sehr billig und immerhin gebe er, Massimo, den erwirtschafteten Preisvorteil nahezu
eins zu eins an seine Kunden weiter. Das machte
die Sache nicht besser. Immerhin fuhr uns der
nette Exilitaliener zum Postamt, wo ich nach
zweistündigem Versuch endlich ein R-Gespräch
in die Kreissparkasse Nordhausen bekam. „... u ...
krchzzzz ... is ... chrrrzzzzz ... ooo?" Pups klang,
als würde er auf dem Mars sitzen. Was für eine
beschissene Verbindung. „AKABA! JORDANIEN!
ICH BRAUCHE GELD! WIR WOLLEN NACH
HAUSE!" „ ... er ... chrrrzzzzz ... is ... wir ...
sssrrrsssss?" „ICH UND HULA ... VERGISS ES!
GELD! ICH WILL ..." „Tüdidüüüüü. Tüdidüüü-
üüü." Mist. Besetzt. Nächster Versuch. Noch mal
drei Stunden und siebzehn Minuten warten.
Dann winkte uns die dicke verschleierte Postbeamtin in Kabine 2. „ ... chrrzzzz ... asse ... pffffff ...
hausen ... Hollit ... zzzzzz ... er ... ie ... tun?
Chrrtttttsssszzzz ... " „PUPS! Ähhhh ... HERRN
OBERBÜCHLER BITTE! GESCHÄFTSKUN-

DENABTEILUNG!!!" Mir rissen fast die Stimmbänder. Erschwerend kam hinzu, dass der Telefonhörer stank und so speckig war, dass ich Angst hatte, mir einen Pilz einzufangen. Ich wurde verbunden, denn ich erahnte Fragmente der Kleinen Nachtmusik. „ ... schsch ... rrr ... z ... n ... schrzzzzzz ... llo? Bis ... krrrkkkkrrkkk ... Tüdidüüüü! Tüdidüüüüü!" „SCHEISSEEEEEE!!!!!" Ich knallte den versifften Hörer so heftig auf die Gabel, dass die brach. Die dicke Postbeamtin erstarrte vor Angst und hinderte uns nicht am Verlassen des Gebäudes. „Käp`m! Käp`m!" Hulapoko lief ratlos neben mir. „Könne musiziere! Verdiene Geld! Viel Geld!!!" „Mit den paar Kröten hängen wir in dreißig Jahren noch hier rum. Komm mit!" Ich hatte noch keinen Plan, war mir aber sicher, innerhalb der nächsten 30 Sekunden eine Eingebung zu haben. Nach exakt 17 Sekunden standen wir vor der dreckigen Scheibe eines Bäckereifachgeschäfts. Zielsicher betrat ich den Laden und knallte meine Lederslipper auf den Tresen. „Renè Lezard. Leider teuer. Ein Milchhörnchen bitte." Das ganze vermischte ich mit ausholenden Gesten zu einer für den letzten Trottel verständlichen Aussage. Der erschreckend ausgemergelte Verkäufer schnappte sich meine geliebten Treter und reichte mir das Hörnchen. „Bitte, Effendi Lezard." Dabei starrte er mich wie einen Wahnsinnigen an. Das hatte er mit Hulapoko gemeinsam, der artig draußen wartete. „Jesus Maria ..." „Los. Weiter."

# Das Böse ist immer und überall

Banküberfall! Hände hoch!" Ich gab mir gar nicht erst die Mühe, mein Anliegen auf Jordanisch vorzutragen. Der verschwitzte Bankangestellte verstand mich auch so. Hinter seiner Halbglatze arbeitete es, während seine Augen auf meine ausgebeulte Smokingtasche schielten. Hulapoko stand draußen trotz heftigsten Protestes Schmiere. Erbarmungslos zielte ich mit dem Milchhörnchen, das in meinem Jackett einen täuschend echten Walther-PK-Umriss erahnen ließ, auf den fetten Wanst des Bänkers, der sich nun endlich bewegte. Aufreizend langsam packte er jordanische Dinarscheine in meine Bäckertüte. Verdammt, ich wusste noch nicht mal, was ein Dinar wert ist. Mühsam versuchte ich, im Kopf mitzuzählen, gab aber nach ungefähr 34 Dinar auf. Der gleiche Mist wie beim Skat. Jedes Mal nehme ich mir vor mitzuzählen, und dann taucht irgendwo die vermeintlich fünfte Karo 10 auf. Aber man kann nicht alles können und vorne wird der Walfisch fett. Hulapoko klopfte aufgeregt an die vergitterte Schaufensterscheibe. Ich verstand nicht, was er mir sagen wollte, denn ausgerechnet dieser Laden hatte die einzige Isolierdoppelverglasung in ganz Akaba. Erst als der erregte Indio eine kreisende Bewegung über seinem Kopf andeutete, ging mir ein Licht auf. Die Bullen! Nix wie weg! Ich packte den fetten Bänker – übrigens hatte ich vergessen zu erwähnen, das es sich um eine winzige Ein-Mann-Filiale handelte, sonst wäre mein tollkühner Plan von vornherein zum Scheitern verurteilt gewesen –

also ich packte den fetten Bänker mit beiden Händen, wodurch ich ihm das Milchhörnchen am Kragen zerdrückte, was er aber nicht merkte und schrie ihn an: „Komm aus dem Arsch Mann! Alles rein hier! Alles rein! Verdammt nochmal ..." Endlich hatte ich den Respekt, den ich den ganzen Überfall über bei dem Typen vermisst hatte. Wer bin ich denn? Hastig stopfte er nun bündelweise Scheine in die Tüte und schüttete eine Handvoll goldener Münzen in meine Jacketttaschen. „Salem Aleikum!" „Freundschaft!" Und weg war ich.

## Ein fast perfekter Plan

Wie? Doppelkabine innen?" Das ging ja heiter los. Während ich dem phantasieuniformierten Steward meine aggressivste Körperhaltung präsentierte, buckelte Hulapoko unser Equipment an Bord. Wir standen erst am Anfang unserer Karriere und mussten kleine Brötchen backen. Von wegen Roadies und so.

Doch der Reihe nach. Wir hatten - wenn auch nicht ganz legal – ein erkleckliches Sümmchen erbeutet, um unsere missliche Lage ein wenig zu entschärfen. Einen kleinen Teil des Geldes legten wir zunächst mit 70 % an. Nämlich in einer Pulle Arak. Dieses köstliche Wein – Anis – Gesöff, mit dessen gepanschter Variante wir bereits Bekanntschaft gemacht hatten, löst hierzulande bereits seit über 2500 Jahren diverse Probleme. Hulapoko und ich setzten uns in den Schatten einer bröckeligen Tempelruine und schmiedeten

Pläne. Während mein Gefährte einen tüchtigen Hieb nahm, fasste ich unsere Situation messerscharf zusammen: „Erstens: Wir sind in Jordanien. Zweitens: Wir müssen hier weg. Drittens: Die ‚Sea Fart 3' liegt immer noch in Hongkong." Der Schnaps wirkte schon, denn Hulapoko war sofort im Bilde: „Müsse nach Hongkong!" „Richtig mein Freund! Und wie kommen tapfere Seemänner wie wir dorthin?" „Mit Schiff!" Bingo. Irgendwann ging die Sonne unter, die Flasche war leer und wir hatten einen Plan. Und zwar in Form eines detaillierten Einkaufszettels:

*1 Keyboard mit Begleitautomatik (z.B.Casio LK-230 oder Yamaha PSR-E233) Achtung! Unbedingt Leuchttasten!*

*1 E-Gitarre (billige Fenderkopie reicht)*

*1 Gurt (Leder mit Pyramidennieten)*

*1 kleiner Kofferverstärker mit Verzerrerfunktion*

*3 Plektren (Dunlop 1 mm, schwarz)*

*2 Mikrofone mit Galgenständer*

*diverse Kabel (Klinke auf Klinke)*

*2 DI-Boxen*

*1 Minimischpult (4 Kanäle: Gesang, Gitarre mono, Keyboard mono, Panflöte mono)*

*1 Tapedeck*

*1 Kassette mit Intro*

*1 Nebelmaschine*

*1 Bettlaken*

*1 Pinsel*

*1 Dose Textilfarbe (schwarz!)*

*Bandinfo (aussagekräftig)*

Es war schwerer als wir dachten, das ganze Zeug in einer jordanischen Hafenstadt aufzutreiben und letztendlich waren wir mit unseren Vorbereitungen vier Tage lang beschäftigt. Dazu hatten wir uns aus Kostengründen in einer heruntergekommenen Karawanserei am Stadtrand eingemietet. Letztendlich war das unser Glück, denn trotz intensivster Bemühungen hatten wir nach dem zweiten Tag lediglich den Pinsel, eine Dose Textilfarbe und unter Zuhilfenahme einer weiteren Flasche Arak die in unseren Augen aussagekräftige Informationsbroschüre beisammen. Das Bettlaken konnten wir aus unserem Zimmer klauen. Am dritten Abend endlich spielte uns eine Folkloreveranstaltung für eine russische Reisegruppe in die Karten. Nachdem wir die unsagbar schlechte Hauskapelle gemeinsam mit den Russen ordentlich abgefüllt und um ihr Equipment erleichtert hatten, checkten wir aus.

# Auf der Suche nach der Hornhaut

Nun hieß es warten. Alles, was wir brauchten, war die Geduld des Jägers, die stoische Ruhe eines hungrigen Löwen im kenianischen Savannengras. Unsere Savanne war die Hafenmeile von Akaba. Tagsüber lauerten wir auf unsere Chance. Nachts schliefen wir neben unseren Instrumenten in einem verlassenen Kaispeicher. Die Hafenarbeiter mieden uns - den gepflegten, barfüßigen Europäer im weißen Smoking und seinen indianischen Gefährten mit dem bunten Poncho und den langen, fettigen Haaren. Wir waren ihnen suspekt. Doch dann kam der Donnerstag.

Ich wusste es noch bevor das Schiff anlegte. Die MS „Völkerfreundschaft II" war schon etwas in die Jahre gekommen, aber offensichtlich noch immer eine gute Adresse für Kreuzfahrten des unteren bis mittleren Preissegmentes. Das zeigte die stattliche Horde überwiegend pensionierter ostdeutscher Touristen, die laut schwatzend über die Gangway von Bord strömten, um die jordanische Hafenstadt zu erkunden. Schreiende Araber lockten mit supergünstigen Tagesausflügen in die berühmte Felsenstadt Petra. Unter anderen Umständen hätte auch ich dieses Angebot angenommen. Doch ich war damit beschäftigt, den Leuten auf die Finger zu schauen. Und endlich! Ein rundlicher Mittsechziger mit aufdringlich gefärbter Dauerwelle hatte eindeutig Hornhaut an den Fingerkuppen! Mein Plan war so teuflisch wie perfekt: „Entschuldigen Sie bitte! Sind sie nicht ... Mensch! Tatsächlich! Sie sind doch der berühmte ... Ich glaub es nicht! Hier in Jordanien! Sachen gibt's. Wo ist denn Ihre Gitarre? Sie müssen mir unbedingt ein Autogramm ... Ich fasse es nicht!" Wenn man mit einem rechnen kann: Es gibt keinen Musiker auf dieser ganzen Welt, der nicht eitel wie ein Fasan in der Brunftzeit ist. Musiker, die nicht eitel sind, leben nicht mehr, weil sie sich generell umbringen. Der Beweis folgte auf dem Fuß: „Ja. Ich bin es wirklich. Schön, dass mein Publikum mich nicht vergessen hat. Kommen Sie auch aus der Ehemaligen?" Und ob.

# Harry Jeske

Meine Musikerkarriere begann im zarten Alter von 13 Lenzen mit einem Irrtum. Aus welchem Grund auch immer war ich der festen Überzeugung, dass der Anfang von „Smoke on the Water" von einer Bassgitarre gespielt wurde. Wissentlich bestärkt hat mich in diesem Glauben Peter Kohl. Aber nur, weil der arglistige Peter auf der Suche nach einem Ersatz für seinen Bassisten war, der in ein paar Monaten zur Nationalen Volksarmee musste und ein Loch in Peters Schülerband riss. Also benötigte ich zunächst ein Instrument, um mir das für diese wichtige Position notwendige Grundwissen anzueignen. Geld hatte ich keins, weil erst im nächsten Jahr die Jugendweihe und somit großzügige Geldzuwendungen der Verwandt- und Nachbarschaft anstanden. Vielleicht sogar Westgeld von Onkel Egon! Ich konfrontierte Peter mit diesem Problem, der es sofort seinem Großvater weitererzählte. Adolf

Kohl galt als kluger Mann, denn er war Mitglied im Schachklub und außerdem in der Partei. Und tatsächlich bat er Peter und mich eines Abends in seine alte Gartenlaube, in der er den Großteil seines Rentnerdaseins verbrachte. So erfuhr ich von der Heiligen Musima:

Es war im heißen Sommer 1965, als der damals noch unbekannte Beatbassist Harry Jeske irgendwo im Erzgebirge eine Engelsbegegnung hatte. Harry Jeske wurde wenig später als Mitglied der Puhdys (er war der reglose Mann mit der Pudelfrisur) relativ prominent. Das hatte aber nichts mit der Engelsbegegnung zu tun. Harrys damalige Band war in ihrem klapprigen Wartburg Kombi auf dem Weg zu einem Auftritt. Gemeinsam beschloss man, eine Pinkelpause einzulegen. Harry schlug sich am tiefsten ins Unterholz, da er nicht nur pinkeln musste und sich sicher war, dass ihn sein Schlagzeuger mit Tannenzapfen bewerfen würde, während er wehrlos hinter einem Baum hockte. Kaum hatte Harry die Hosen herunter gelassen, als er von einem herzlichen „Mahlzeit!" aufgeschreckt wurde. Laut eidesstattlicher Versicherung Jeskes vom 16.08. 1965 stand vor ihm aus heiterem Himmel ein cirka 60 cm großer Zwerg, der von sich behauptete, Erzengel Horst Beimer, verantwortlich für Kultur, Sport und Touristik zu sein. Er, Erzengel Horst, sei gekommen, um in Erfahrung zu bringen, ob Harry Jeske der Auserwählte sei. Nachdem Harry von Horst die Erlaubnis bekommen hatte, abzuwischen und sich wieder anzuziehen, erlangte er seine Fassung zurück und gab dem überirdischen Besucher mit einem kurzen Abriss seines musikalischen Werdegangs berechtigten Anlass zur Hoffnung. „So soll es sein!" rief Erzengel Horst. „Wenn es Dir gelingt, die heilige Musima, einen Bass von ausgewogenem Klang und strapazierfähiger Mechanik, aus diesem Felsblock zu ziehen, so sollst Du der Auserwählte sein! Auserwählt, um die Welt verdammt noch mal zu rocken!" Sprach es und stieß das edle Instrument, das Harry vorher noch gar nicht bemerkt hatte, in einen ansehnlichen Findling auf der Lichtung. Aber oh weh! So sehr sich Harry Jeske auch abmühte - die heilige Musima rührte sich keinen Millimeter aus dem kalten Gestein. „Und nun?", wollte der ambitionierte Musikant wissen. „Na super, Du Penner!" keifte der Erzengel. „Meinst Du, ich krieg das Scheißteil wieder raus? Ich denke, Du bist hier voll der Checker!" „Neeee ... naaa ...", wand sich Harry jämmerlich. Doch es half nichts. Laut fluchend verschwand Erzengel Horst Beimer so plötzlich, wie er erschienen war. Harry war alles andere als auserwählt, was die Musikwelt noch merken sollte.

Jahrzehnte später stand ich dank des Hinweises von Peters Opa, der damals Sachbearbeiter auf dem zuständigen Kreisgericht war, an dem Harry Jeske seine eidesstattliche Versicherung abgegeben hatte, im erzgebirgischen Nirgendwo und fand die unglaubliche Erzählung bestätigt. Wie einst Excalibur ragte die heilige Musima aus einem Felsbrocken auf einer Lichtung unweit des beliebten Bienenlehrpfades bei Oberwiesental. Mit zitternden Händen ergriff ich den sunburst lackierten Korpus des edlen Instrumentes. Und tatsächlich! Es bedurfte keiner allzu großen

Kraftanstrengung, den filigran gearbeiteten Hals aus dem Gestein zu ziehen. Die Sonne brach plötzlich zwischen den Wolken hervor und flutete die Waldlichtung mit gleißendem Licht, als ich die Kopfplatte mit der perlmutternen Aufschrift „Musima de Luxe – made in CSSR" gen Himmel reckte. Während Peter, der natürlich mit seiner Schülerkapelle mitgekommen war, nur mit offenem Mund dastand, klatschte und hüpfte sein Sänger wie ein kleines Kind über das Moos. Unser Schlagzeuger nestelte umständlich eine Flasche Eierlikör aus dem Rucksack, den er seiner Oma geklaut hatte. Eine Band war geboren!

Fortan pilgerte ich zweimal die Woche in die Musikschule. Nicht, ohne mich zu blamieren, denn es gab im ganzen Kreis Nordhausen weder einen formschönen Gitarrenkoffer noch eine praktische Tasche, sodass ich die gute Musima de luxe in eine blaue Babydecke wickeln musste. Das sorgte selbst in der Ostzone für amüsierte Gesichter bei den Passanten. Trotzdem entwickelte ich mich gegen den Widerstand meiner Familie prächtig und konnte schon bald erste Erfolge beim anderen Geschlecht erzielen. Die hatten mich vorher nicht mit dem Hintern angeguckt. Wir spielten eine Menge Auftritte, vornehmlich bestehend aus dilettantischen Versionen angesagter Heavy Metal Songs. Unser Sänger hatte Asthma, was unsere Darbietung nicht ansprechender machte. Aber egal. Da die Originale nicht in den Osten kamen, musste der sozialistische Mob mit uns vorlieb nehmen. Unser Drummer war geisteskrank und hat immer beim trommeln geschrien. Außerdem vollbrachte er das Kunststück, regelmäßig den Einstieg in Judas Priest's „United" zu verkacken. Auch nach dem Kollaps des ersten Arbeiter- und Bauernstaates auf deutschem Boden spielte ich munter in diversen Formationen mit mäßigem Erfolg, bis zu jenem schicksalhaften Tag im Mai 2002, als ich meine erste Weltumseglung antrat.

## Frank Schöbel

Bitte schön!" „Wie bitte?" Der Dicke mit den gefärbten Haaren riss mich unsanft aus meinen Gedanken. Verwirrt starrte ich auf das Foto, was er mir unter die Nase hielt. „Bitte schön! Meine Autogrammkarte. Für Sie! Soll ich was Bestimmtes draufschreiben?" Heiliger Strohsack! Frank Schöbel! Den hätte ich nicht wiedererkannt. „Äh ... schreiben Sie doch bitte: Für die wunderhübsche Königin von Jordanien. Dein Frank" Frank Schöbel musterte mich argwöhnisch. Offenbar dachte er darüber nach, ob ich ihn verarschen wollte. „Sie kennen Ihre königliche Hoheit Rania?" „Wir kegeln gelegentlich zusammen." „Ah ja.", Für meinen Geschmack etwas unmotiviert krickelte Schöbel seine Widmung auf das sehr schmeichelhafte Foto. Jetzt hieß es handeln. „Herr Schöbel, darf ich Ihnen Erol Sander vorstellen, der momentan für eine Neuverfilmung der Winnetou – Trilogie hier in Jordanien weilt?" Unwirsch winkte ich den begriffsstutzigen Hulapoko ran. Frank Schöbel war skeptisch. „Das ist Erol Sander? Den hatte ich dünner in Erinnerung." „Mit Verlaub, Herr Schöbel! Ich hatte Sie auch zunächst für den Schlagzeuger der Flippers gehalten." Damit war das Eis gebrochen. Laut lachend gingen wir in die nächste Hafenkneipe.

Frank Schöbel konnte für einen Schlagersänger verdammt wenig ab. Schon nach vier doppelten Arak stand der Altstar auf einem Tisch und grölte „How do you do?". In Jordanien war das ganz sicher kein Hit, wie wir aus den abweisenden Gesichtern der Eingeborenen ableiten konnten. Wenig später musste Schöbel dringend aufs Klo. Endlich! Sonst hätten wir noch „Wie ein Stern" über uns ergehen lassen müssen. Hulapoko und ich folgten ihm unauffällig.

# Eingecheckt

Also gut, meine Herren! Wir müssen weiter und der feine Herr Schöbel hält es offenbar nicht für nötig, uns auch weiterhin mit der Gnade seiner Anwesenheit zu erwärmen. Sie haben den Job." „Yes!" Der Kapitän war ein Pragmatiker. Natürlich hatte ich – vermutlich mehr als Hulapoko – ein schlechtes Gewissen, wenn ich daran dachte, dass Frank Schöbel in ungefähr sechs Stunden mit einem furchtbaren Kater, geknebelt und gefesselt und mit ziemlich viel jordanischem Bargeld aus einem erst kürzlich verübten Banküberfall in seinen Taschen in der schäbigen Karawanserei aufwachen würde. Aber dann war die MS „Völkerfreundschaft II" längst über alle Wellenberge in Richtung Brunei unterwegs. Und von dort war es nur noch ein Katzensprung zu meinem geliebten Schiff. Bis dahin hatten wir den Job als neue Bordkapelle.

Weil Hulapoko sich geweigert hatte, den Personaleingang zu nehmen, rempelte er mit unseren Koffern und Kisten bereits zum dritten Mal eine blutige Schneise in den Besucherstrom. „Na hörn'se mal. Ick globe ..." „Puta madre de la sol ..." Mit meinem indianischen Gefährten war heute nicht zu spaßen. Soeben stieg er mit unserem Keyboardkoffer über einen gestürzten Greis in grellbunten Hawaiiklamotten. ‚So was würde der doch zu Hause niemals tragen.' dachte ich angewidert.

Noch immer regten wir uns über die schäbige Innenkabine auf. Wir waren erst etwas versöhnt, als uns eine platinblonde Endvierzigerin im Rang eines Catering Management Assistent mit stark sächsischem Akzent zwei All-Inclusive-Bändchen um die Handgelenke wickelte. „Hiar ihr zwee Süßn. Jenämischt Oisch erscht mol een uffs Haus." Derart gut ausgestattet verdrückten Hulapoko und ich uns an die nächstgelegene Bordbar. Jeweils acht Planters Punch und drei Zombies später waren wir hackedicht. Die „Völkerfreundschaft" war noch nicht einmal ausgelaufen.

## Showtime

Hey! Ihr da! Aufwachen. Hallo! Halloooo ..." Wie? Was? Da waren wir doch tatsächlich mit den Köpfen auf der Theke eingeschlafen. Als erstes bemerkte ich mit dem Instinkt des Seebären, dass unser Schiff schaukelte. Das Weltmeer hatte uns wieder. Ich rüttelte Hulapoko wach. „Aufstehen Hombre. Wir sind zu Hause." „Ja hallo, die Herren! Ihr Auftritt! Schon mal auf die Uhr geguckt?" Auftritt? O weh! Wie von der Tarantel gestochen, waren wir auf den Beinen. „Das Equipment. Hulapoko!" „Käp'm?" „Mann, unser Zeug!" Torkelnd machte sich mein Gefährte auf die Suche nach unseren Kisten. Ich versuchte derweil, mit einem doppelten Rostocker Kümmel wieder auf die Beine zu kommen.

Der „Völkerfreundschaft Dance & Swing Club" auf dem 2.Oberdeck war schon rappelvoll. Wir ohnehin. Die blonde Sächsin war zu unserer Unterstützung abkommandiert worden. „Isch binn de Nenntzi." „Ja heeey ... der ... llll ... poko ... un ..." „Och Du liebe Fresse. Iar seid jo dodal fertsch ... neeee." Irgendwie schafften wir es dann doch, unseren Krempel an die Hausanlage anzuschließen. Fehlte nur noch unser fetziges Bettlaken, auf das ich besonders stolz war. Ein Totenkopf mit zwei Panflöten als Schwingen dahinter. Darüber unser toller Bandname, den wir im Arakrausch ersonnen hatten: The world famous Poko – Brothers. Das hatte uns zudem zu einer  - wie wir fanden  - recht witzigen musikalischen Adaption inspiriert, mit der wir gedachten, den heutigen Auftritt zu beenden. Wenn wir denn überhaupt mal anfangen konnten. Die Chancen standen immer schlechter, denn soeben erhaschte ich aus dem Augenwinkel den von der Leiter stürzenden Hulapoko. „Aaaarrgghhhh ... Puta ... scheiße Hintergund! Stürze! Käp'm!!!!" In den ersten Reihen kreischten entsetzte Rentnerinnen. Lediglich ein rüstiger Sixtysomething mit Halbglatze, aber schulterlangem Resthaar zollte uns mit einer amtlichen Pommesgabel den Respekt, den wir eigentlich verdienten. Nancy und ich hievten den aus einer Platzwunde über dem Auge blutenden Hulapoko nach oben. Während unser Backdrop auf Halbmast hing, flog der Unglücksrabe mit dem Hintern auf unser Keyboard, sodass plötzlich das posige Intro aus dem Playback dudelte. Möwengeschrei, Wellenrauschen, bedeutungsschwangere Synthiestreicher. Eine tiefe Stimme aus dem Off: „Ladies and Gentleman. It's Friday Night and the Beasts of Seefahrt are back. Please welcome ..." Einsetzende Pauken und Becken. Da hatten wir zugegebenermaßen etwas bei Carl Orff geklaut. „ ... the Erfinder of the Maritimen Indianerpunk ..." Über die etwas holprige Vermengung meiner Muttersprache mit ausgewählten Anglizismen hatten wir uns im Vorfeld heftig gestritten, aber letztendlich von Falcos Erfolg blenden lassen. Erst jetzt, bei unserem ersten Auftritt mit diesem Konzept fiel mir auf, wie bescheuert das klingt. Aber egal. „ ... The World – Famous – Poko – Brotheeeeeeeeeers!" Explosionen wie bei einer Seeschlacht. Dann war das scheiß Intro schon zu Ende und nix passierte. Meine Gitarre! Wo war die verdammte Gitarre? Der Hippie-Opa hob schon wieder die Pommesgabel, allerdings hörte ich eine ältere Dame am ersten Tisch links zu ihrem Mann sagen: „Was ist das denn? Herbert. Sag doch mal ..." Fiiiiiiiiiiiiiiiiiiiiiiiiiiiiiiiiiii-iiiiiiiiiiiiiiiiiiiiiiiiiiiiiiiiiiiiiiiiiiiiiiiiiiiiiiiiiiiiiiiiiiiiiiiiiiiiiiiiiiiiii iiiiiiiiiiiiiiiiiiiiiiiiiiiiiiiiiiiiiiiiiiiiiiiiiiiiiiiiiiiiiiiiiiiiiiiiiiiiiiiiiiiiii iiiiiiiiiiiiiiiiiiiiiiiiiiiiiiiiiiiiiiiiiiiiiiiiiiiiiiiiiiiiiiiiiiiiiiiiiiiiiiiiiiiiii iiiiiiiiiiiiiiiiiiiiiiiiiiiiiiiiiiiiiiiiiiiiiiiiiiiiiiiiiiiiiiiiiiiiiiiiiiiiiiiiiiiiii

iiiiiiiiiiiiiiiiiiiiiiiiiiiiiiiiiiiiiiiiiiiiiiiiiiiiiiiiiiiiiiiiiiiiiiiii
iiiiiiiiiiiiiiiiiiiiiiiiiiiiiiiiiiiiiiiiiiiiiiiiiiiiiiiiiiiiiiiiiiiiiiiii
iiiiiiiiiiiiiiiiiiiiiiiiiiiiiiiiiiiiiiiiiiiiiiiiiiiiiiiiiiiiiiiiiiiiiiiii
iiiiiiiiiiiiiiiiiiiiiiiiiiiiiiiiiiiiiiiiiiiiiiiiiiiiiiiiiiiiiiiiiiiiiiiii
iiiiiiiiiiiiiiiiiiiiiiiiiiiiiiiiiiiiiiiiiiiiiiiiiiiiiiiiiiiiiiiiiiiiiiiii
iiiiiiiiiiiiiiiiiiiiiiiiiiiiiiiiiiiiiiiiiiiiiiiiiiiiiiiiiiiiiiiiiiiiiiiii
iiiiiiiiiiiiiiiiiiiiiiiiiiiiiiiiiiiiiiiiiiiiiiiiiiiiiiiiiiiiiiiiiiiiiiiii
iiiiiiiiiiiiiiiiiiiiiiiiiiiiiiiiiiiiiiiiiiiiiiiiiiiiiiiiiiiiiiiiiiiiiiiii
iiiiiiiiiiiiiiiiiiiiiiiiiiiiiiiiiiiiiiiiiiiiiiiiiiiiiiiiiiiiiiiiiiiiiiiii
iiiiiiiiiiiiiiiiiiiiiiiiiiiiiiiiiiiiiiiiiiiiiiiiiiiiiiiiiiiiiiiiiiiiiiiii
iiiiiiiiiiiiiiiiiiiiiiiiiiiiiiiiiiiiiiiiiiiiiiiiiiiiiiiiiiiiiiiiiiiiiiiii
iiiiiiiiiiiiiiiiiiiiiiiiiiiiiiiiiiiiiiiiiiiiiiiiiiiiiiiiiiiiiiiiiiiiiiiii
iiiiiiiiiiiiiiiiiiiiiiiiiiiiiiiiiiiiiiiiiiiiiiiiiiiiiiiiiiiiiiiiiiiiiiiii
iiiiiiiiiiiiiiiiiiiiiiiiiiiiiiiiiiiiiiiiiiiiiiiiiiiiiiiiiiiiiiiiiiiiiiiii
iiiiiiiiiiiiiiiiiiiiiiiiiiiiiiiiiiiiiiiiiiiiiiiiiiiiiiiiiiiiiiiiiiiiiiiii
eeeeeeeeeeeeeeeeeeeeeeeeeeeeeeeeeeeeeeeeeeeeeeee
eeeeeeeeeeeeeeeeeeeeeeeeeeeeeeeeeeeeeeeeeeeeeeee
eeeeeeeeeeeeeeeeeeeeeeeeeeeeeeeeeeeeeeeeeeeeeeee
eeeeeeeeeeeeeeeeeeeeeeeeeeeeeeeeeeeeeeeeeeeeeeee
eeeeeeeeeeeeeeeeeeeeeeeeeeeeeeeeeeeeeeeeeeeeeeee
eeeeeeeeeeeeeeeeeeeeeeeeeeeeeeeeeeeeeeeeeeeeeeee
eeeeeeeeeeeeeeeeeeeeeeeeeeeeeeeeeeeeeeeeeeeeeeee
eeeeeeeeeeeeeeeeeeeeeeeeeeeeeeeeeeeeeeeeeeeeeeee
eeeeeeeeeeeeeeeeeeeeeeeeeeeeeeeeeeeeeeeeeeeeeeee
eeeeeeeeeeeeeeeeeeeeeeeeeeeeeeeeeeeeeeeeeeeeeeee
eeeeeeeeeeeeeeeeeeeeeeeeeeeeeeeeeeeeeeeeeeeeeeee
eeeeeeeeeeeeeeeeeeeeeeeeeeeeeeeeeeeeeeeeeeeeeeee
eeeeeeeeeeeeeeeeeeeeeeeeeeeeeeeeeeeeeeeeeeeeeeee
eeeeeeeeeeeeeeeeeeeeeeeeeeeeeeeeeeeeeeeeeeeeeeee
eeeeeeeeeeeeeeeeeeeeeeeeeeeeeeeeeeeeeeeeeeeeeeee
eeeeeeeeeeeeeeeeeeeeeeeeeeeeeeeeeeeeeeeeeeeeeeee
eeeeeeeeeeeeeeeeeeeeeeeeeeeeeeeeeeeeeeeeeeeeeeee
eeeeeeeeeeeeeeeeeeeeeeeeeeeeeeeeeeeeeeeeeeeeeeee
eeeeeeeeeeeeeeeeeeeeeeeeeeeeeeeeeeeeeeeeeeep!!!!!!!

Ah. Das war der richtige Schalter. Und dann gleich die Mutter aller Rückkopplungen. Wäre ich nicht so höllisch laut gewesen, hätte ich sogar die Schreie des Publikums hören können. So eine geile Kopplung musste man natürlich erst mal stehen lassen. Das gab mir etwas Luft, um in die Begleitautomatik unseres Keyboards die 274 einzugeben. Unser Opener. „El Condor Pasa". Während die tonnenschweren Elektrobeats mein Feedback eindrucksvoll untermalten, ließ ich mich zu einer ersten Ansage hinreißen: „Heeee ... lrrggg ... ja heeey! Are you ready. Örrrppp ..." Huch. Ein Bäuerchen. Egal. Dieser Kahn musste jetzt mal amtlich gerockt werden. „Ey! Indiosklave! Ein ... örp ... Einsatz!" Beim Anblick des blutüberströmten Hulapoko fiel eine sehr alte Passagierin in türkisem Cocktailkleid in Ohnmacht, derweil wir unsere Soundwalze von der Kette ließen.

# Outro

Ihr sei ... seid wun ... unnervoll! We ... öörrlll ... llo haff you. Nrrgghh ... Less ... lesster ... Ssso ... sohonggg ... hey! D I S S O P O K O Dillellille-linnn ... un alläääää!" Der „Völkerfreundschaft Dance & Swing Club" ging komplett steil. Inzwischen wurde der Großteil der Crew – egal ob Feierabend oder nicht – zu uns beordert, um die Massen an stagedivenden, circlepittenden oder in Walls of Death aufeinander zurollenden Gäste in den Griff zu bekommen. Nancy tanzte nur noch in Unterwäsche auf dem linken Boxenturm. Der rechte wurde von unserem langhaarigen Opa-Kumpel geentert. Der hatte inzwischen gar nichts mehr an und machte den Pimmelpropeller. Mit einer geschickten Mischung aus perfekter Songauswahl, großen Gesten und jeder Menge Freischnaps hatten wir die anfangs recht zugeknöpfte Meute in den Griff bekommen. Erfolg auf der ganzen Linie. Leider fand unser Schluss-Song ein jähes Ende, denn der inzwischen randvolle Hulapoko kotzte in seine Panflöte. Ich rettete geistesgegenwärtig das verpatzte Finale mit einem vierzigminütigen Gitarrensolo, bis uns das Sicherheitspersonal höflich, aber bestimmt in die Kojen verfrachtete.

## Kleine Brötchen

M eine Herren, wir sind hier aber nicht 80.000 Tons Of Metal, sondern eine gepflegte Kreuzfahrt für das reifere ostdeutsche Publikum!" Der Kapitän sah ein wenig aus wie Captain Iglo. Allerdings wie ein sehr zorniger. Nancy stand uns bei: „Obar Köptn. Die Leude worn dodal aussem Hoisschen." Cpt.Iglo wischte den Appell mit einer resoluten Geste vom Kartentisch. „Ich zitiere zum besseren Verständnis des Missverständnisses noch einmal aus Ihrem aussagekräftigen Bandinformationsblättchen." „Aber wir ..." „Still jetzt Hulapoko." „Autsche." „Also darf ich bitte zitieren? Von wem auch immer dieser Schwachsinn verfasst wurde:

`Seit Jahren sind die weltberühmten Poko-Brothers DER Inbegriff für anspruchsvolle maritime Unterhaltungsmusik. Von Reykjavik bis Kapstadt tanzen begeisterte Fans zum eingängigen Liedgut des sympathischen Duos, bestehend aus Captain Luv, dem Saitenhexer aus dem Südharz, und Señor Hulapoko, dem größten Panflötensolisten der Andenregion ..." Die doofe Sachsen-Nancy prustete Ihren Kaffee über den Tisch. „Ich muss doch bitten ..." Captain Luv war übrigens voll der coole Künstlername. Fand ich. Und überhaupt. Aber der zornige Kapitän ließ nicht locker: „Ich zitiere weiter. Während die internationale Musikindustrie sich um das vermutlich größte Duettereignis seit Simon und Garfunkel ..." Jetzt musste sogar ich lachen. Mann, waren wir voll, als wir diesen Mist geschrieben hatten.

„ ... Simon und Garfunkel reißt, haben die beiden Tausendsassas sich exklusiv für Ihr Kreuzfahrtschiff entschieden. Wo findet man heute noch solch urwüchsige Verbundenheit mit seinen Wurzeln? Wir freuen uns auf Ihren Anruf unter ... blablabla."

## La Pampa Muerte

Und Du weißt ganz sicher, was Du da kochst?" Hulapoko rührte unbeirrt weiter. La Pampa Muerte. Angeblich eines der ältesten aztekischen Kochrezepte. Kein Geringerer als Guzmektekekl III. hatte laut Hulapokos Bericht diese Art Eintopf zu Ehren der Hochzeit seiner jüngsten Tochter Kreke bei den Küchepriestern in Auftrag gegeben. Heute soll die Pampa dazu dienen, den noch immer stinksauren Kapitän und seine Führungsriege nach unserem gestrigen Auftritt zu versöhnen. Es war Hulapokos Idee, die Crew zum Essen auf die Brücke einzuladen und in aller Ruhe unser Kulturprogramm zu diskutieren. Ich hoffte, dass Hulapoko wusste, was er tat. „Was ist denn das für komisches Fleisch?" Der Indio gab sich wortkarg. „Mysteriös Geheimnis, Käp'm." Mir wurde langsam schlecht. Das lag aber nicht an Hulapokos Geschnetzele, sondern an einem unglaublichen Seegang. Wir nahmen planmäßig Kurs auf Sokotra. Die MS „Völkerfreundschaft II" wurde hin und her geschmissen. Das wunderte mich nicht, denn diese Inselgruppe liegt exakt zwischen der afrikanischen und arabischen Platte und da sind Turbulenzen vorprogrammiert. Zum Glück hatten wir uns am Herd festgeschnallt. Ich musste zu allem Überfluss Zwiebeln schälen, während Hulapoko weiter sein geheimnisvolles Fleisch in kleine Streifen schnitt. „Wozu ist denn der Rhabarber?" „Muss auch rein." Das war ja furchtbar! Schon als Kind konnte man mich mit Rhabarber jagen. Immer wenn meine Oma nicht geguckt hatte, habe ich dicke Nacktschnecken im ganzen Garten gesammelt und heimlich in Hundertschaften auf das verhasste Gewächs gesetzt. „Aua!" Für einen Moment hatte mich der Rhabarber so aus dem Konzept gebracht, dass ich das Gleichgewicht verlor und mit dem Kinn auf den Herd schlug. Was hätte ich jetzt für einen erfahrenen Extremwetterkoch wie Jörn-Marie gegeben. Aber irgendwie wurde Hulapokos Eintopf letztendlich fertig. Wir löschten die brodelnde Brühe mit 2 Flaschen Katlenburger Erdbeerschaumwein von Dr.Demuth ab und gaben noch einen ordentlichen Schuss Underberg für die Grundwürze dazu. Dann ließen wir unser aztekisches Gericht auf mittlerer Temperatur ungefähr zwei Stunden köcheln. Solange konnten wir uns an die Bordbar verziehen.

## Gefahr in Verzug

Aufwachen! Wacht auf! Was war da drin? WAS WAR DA DRIN!?" „Wo denn? Was denn?" Wir waren wohl schon wieder an der Theke eingenickt. Verdammt! Unser Eintopf! Ich schreckte auf und blickte in ein hochrotes Gesicht, das auf einem Hals saß, dessen unteres Ende in einem weißen Arztkittel verschwand. Ein Schild auf der Brust verriet mir, dass der Mann mit dem roten Kopf entweder einem gewissen Dr.Sorge den Kittel geklaut hatte oder Dr.Sorge himself vor uns stand und hyperventilierte. Hinter ihm fuchtelte Zonen –Nancy wild mit den Armen. Hulapoko lag noch mit dem Kopf auf der Theke. Angewidert beobachtete ich den kleinen Speichelfaden, der sich von seinem linken Mundwinkel auf die polierte Marmorplatte abseilte. Wie bei Homer Simpson. „Was war in der verdammten Suppe?!" Ah, der Mann mit dem Dr.Sorge – Kittel. „Verzeihung. Sie sind doch gleich ..." „Dr.Sorge, Mensch! Der Schiffsarzt. Können Sie nicht lesen?" Und dann setzte der aufgeregte Mann mich und den schlafenden Hulapoko davon in Kenntnis, dass die komplette Brückenbesatzung nach dem Verzehr unseres Versöhnungseintopfs ohnmächtig geworden war. Sie hatten wohl schon heimlich genascht, weil wir an der Theke versackt waren. Ich war sofort elektrisiert und packte den Schiffsarzt am Kragen. „Soll das heißen, unser Schiff ist ohne Kapitän?" Erst jetzt merkte wohl auch der einfältige Mediziner, dass wir wie in einer wilden Maus schlingerten. „Verdammt ..." „Los Hulapoko! Einsatz! Sie kümmern sich um die Kranken und Du, Nancy, besorgst uns zwei frisch gezapfte Jever!" Der Kapitän in mir lief so langsam warm.

## Wachablösung

Achtung! Achtung! Hier spricht Ihre Bordkapelle. Sehr geehrte ... ALTEEEER! Scheiße ... festhalten Hulapoko! Äh ... wie gesagt ... Passagiere. Ihre Bordkapelle. Sie brauchen sich keine ooohhh ... Wir haben die Kontrolle über das Schiff und nehmen planmäßig Kurs auf ... MANNMANNMANN ... REISS DOCH MAL AN DEM ROTEN HEBEL, DU OCHSE! ... Käp'm? Hebel? Rotes? ... MACH EINFACH! DAAAA! ... Puta madre! ... Sie brauchen sich jedenfalls keine Sorgen machen. Ende und over. JETZT LENK DOCH NACH RECHTS, HERRGOTT NOCHMAL! Wir kriegen hier die volle ... Käp'm – Mikrofon noch an ... Waas? Schei ..." Klick. Ein Fiasko. Von wegen hochseetüchtig. Die „Völkerfreundschaft" rollte wie eine besoffene Kuh. Bar jeder Contenance fixierte ich das riesige blinkende Schaltpult. Wenn ich nur meine Pinne hätte! Hulapoko rüttelte wie ein Bekloppter an einem

Hebel, der mir noch am ehesten nach einem Steuer aussah.

Die Tür zur Brücke wurde geöffnet und bevor sie wieder zufiel, sah ich, wie Nancy mit einem Tablett rückwärts in den Gang segelte. Das schöne Bier. Die Tür ging erneut auf und diesmal betrat Dr.Sorge die Brücke. Ich wollte ihn deshalb gerade anschnauzen, unterließ das aber, denn er schwenkte bedeutungsschwanger ein Reagenzglas in der Luft. „Staupe! Meine Herren, Staupe!"

## Unter Verdacht

Meine Suppe war das nicht!" Hulapoko schaute jämmerlich aus der Wäsche und wand sich wie ein Aal unter den anklagenden Blicken der inzwischen halbwegs wieder genesenen Crew. Allen voran Captain Iglo, der aufgrund leichenblasser Gesichtsfarbe fast noch anklagender als nach unserem epochalen Auftritt aussah. „Kanne nich sein. Rezept original! Gemetz Atztek. Rhabarber! Und Fleisch. War ganz jung, die ..." Die Tür zur Brücke wurde aufgerissen. Die Frau, die hereinstürmte, kannte ich irgendwoher. Es war nicht Angela Merkel, obwohl das wegen der Klamotten mein erster Gedanke war. Wo gibt es bloß dieses altbackene Zeug zu kaufen? Ganz davon abgesehen, dass man bzw. Frau wie eine Wurst darin aussieht. Das schlimmste sind die Schulterpolster. Die sind total daneben. Jedes Mal habe ich Angst, wenn Frau Merkel bei Fußballländerspielen ihre Arme zum berüchtigten

Merkeljubel hochreißt. Als ob der Kopf zwischen den Polstern zerquetscht wird. Wenn ich Terrorist wäre, würde ich der Merkel vor einem Spiel heimlich zwei Backsteine einnähen, mit denen sie sich dann die Rübe zerdeppert. Vorausgesetzt natürlich, Deutschland schießt ein Tor.

Aber die Frau hier war nicht Angela Merkel, sondern sehr klein und sehr dick mit weißen Locken. Und sie schrie: „Wo ist mein  Pudel?"

## Unter noch schlimmerem Verdacht

Nur mit Mühe konnten Nancy und ich einen Lynchmob gegen Hulapoko vermeiden. Wir hatten uns gemeinsam mit dem Tatverdächtigen im „Völkerfreundschaft Swing & Dance Club" verbarrikadiert. Captain Iglo hatte derweil Mühe, für Ordnung zu sorgen, da er abwechselnd mit Durchfall und schwerem Erbrechen kämpfte. Staupe scheint für den Menschen kein Zuckerschlecken zu sein. Zum Glück verkündeten die Bordlautsprecher, dass jetzt Bingo im großen Speisesaal sei. Das gab mir Gelegenheit, meinem Kollegen auf den Zahn zu fühlen. „Hulapoko! Sag, dass das nicht wahr ist!" „Nix Pudel! Hatte kein! Sonst nicht hätte gemacht Pampa Muerte sondern Rollbrate Aztek mit Chili!" Nancy gab ein gequältes Geräusch von sich und ich brauchte erst mal einen Schnaps. „Wie? Was? Du hättest uns tatsächlich einen Pudel vorgesetzt?" „Si!" Hulapoko strahlte uns an wie ein Kind, das soeben entdeckt hat, dass man Pommes aus Kartoffeln machen kann. Oder Wein aus Trauben. „Du

... Du wildes Ungeheuer!" Nancy riss mir erschüttert die Schnapsflasche aus der Hand und nahm einen kräftigen Hieb. Die Bordlautsprecher verkündeten, dass eben die 33 gezogen wurde. Ein klarer Fall für Spalte „N".

## Die Mörder sind unter uns

Du lieben Bratwurst!" „Ja, Hulapoko. Ich mag Bratwurst." Mein indianischer Freund schaute Nancy und mich triumphierend an. „Deshalb Du essen!" Ich wurde fast verrückt und brauchte noch einen Schnaps. „Hulapoko, verdammte Scheiße! Ich esse gern Bratwurst, aber das heißt doch nicht, dass ich alles was ich gern mag, auch essen muss!" „Pansen?" „Was?" „Mögen Pansen?" Ich schüttelte mich. „Natürlich nicht. Pansen ist voll eklig." Mit Schaudern erinnerte ich mich an den letzten Romurlaub mit meiner damaligen Freundin, als ich in einem kitschig schönen Restaurant das vermeintlich lustigste Gericht von der im mir komplett fremden italienisch verfassten Speisekarte bestellt hatte: Trippa ala Romana. Tripper! Der Brüller. Der blieb mir allerdings im Hals stecken, als ich einen in weltraumgrüner Sauce arrangierten Haufen Pansen serviert bekam. Das Zeug sah aus wie ein Alien-Bienenstock. Wie schaffen es Italiener nur immer wieder, total fiesen Sachen wohlklingende Namen zu geben. Oder umgekehrt. Ich erinnere nur an Pizza Cozze! Aber egal. Hier und jetzt galt es, jeglichen kannibalischen Zungenschlag aus Hulapokos und meiner Beziehung zu verbannen. „Hulapoko. Warum zum Teufel sollten wir einen Pudel braten?" „Ist zart und gut mit Bier! Viel Magnesium und Vitamin! Bei uns Delikatesse ..." „In China auch, verdammt noch mal! Hier nicht! Das hier ist ein deutsches Kreuzfahrtschiff mit 80% Ossipassagieren. Die essen Klöße, Bratwürste, Rouladen und Rostbrätel. Basta!" „Isch ess keene Klöse." Nancy schaltete sich ein. Dann war das ja auch geklärt. Ich versuchte, die Situation zu analysieren. Erstens: Ein Pudel war verschwunden. Zweitens: Hulapoko hätte ohne mit der Wimpern zu zucken einen Pudel zu Rollbraten verarbeitet. Hatte er aber nicht, denn es gab Eintopf. Drittens: Die Crew war spontan an Staupe erkrankt. Alles lief auf eine zentrale Frage hinaus: Was war hier los?

Wir zuckten unter einem markerschütternden Schrei aus den Lautsprechern zusammen. „Putziiiiii!" Gemeinsam mit zahlreichen anderen Passagieren stürmten wir in den großen Speisesaal. Dort bot sich uns ein bizarres Bild. Mitten im Kuchenbüffet lag ein schwarzer Schuhkarton. Links und rechts brannten zwei Kerzen. Dahinter stand in einem kleinen hölzernen Rahmen ein Portrait von Erich Honecker. Und im Karton lag: ein toter Pudel!

Davor kniete schluchzend die kleine dicke Dame mit den weißen Locken. Hinter ihr stand Captain Iglo, hielt ihre Schultern und versuchte sie zu trösten. „Bitte Frau Jacob. Es wird sich alles aufklären." Jetzt wusste ich auch, woher ich die Frau kannte. Das war eine von den Jacob Sisters. Klar. Der Pudel! Da hätte ich auch früher drauf

kommen können. Allerdings hatte die Merkelja-
cke meinen Scharfsinn in die Irre geleitet.

Der Kapitän wandte sich zu den Passagieren.
„Meine Damen und Herren! Bevor wir uns der
Aufklärung des Vorgangs zuwenden, soll dieses
prominente Tier eine würdige Beisetzung bekommen! Wir treffen uns in einer halben Stunde
im ‚Völkerfreundschaft Dance & Swing Club‘,
damit wir das Kuchenbuffet planmäßig um 15:30
Uhr eröffnen können. Bingo ist für heute been-
det. Die Karten behalten Ihre Gültigkeit für die
morgige Runde.“

# Eine Seebestattung

Frau Jacob hatte getrunken und ihre Augen
waren vom Weinen gerötet. „Es tut mir leid,
dass ich Sie verdächtigt habe, Herr Poko.“ Da
Hulapoko sich geweigert hatte, seinen schreiend
bunten Poncho gegen ein etwas traurigeres Outfit
aus dem Crewfundus zu tauschen, hatte ich
schwarzes Buntpapier und Prittstift aus dem Kids
Club besorgt und eine Trauerschärpe gebastelt.
Aus der Musikanlage plärrte „Ein Freund, ein
guter Freund“. Auf sämtlichen Tischen im „Völkerfreundschaft Swing & Dance Club“ lagen Fotos des Ermordeten, größtenteils noch schwarz-
weiß. Etwas unappetitlich fand ich die Tatsache,
dass die Jacobschwester ihren Pudel auf dem
Tresen aufgebahrt hatte, zumal der treue Hund
bereits leicht müffelte. Daher lehnte ich das gezapfte Pils auch dankend ab mit der Begründung,
dass ich momentan „auf Hefeweizen“ sei und

somit ein keimfreies Flaschenbier ergatterte. Hulapoko dagegen störte die Kombination aus Leichenschauhaus und Ausschank nicht. Die kurzfristig organisierte Trauerfeier erreichte ihren Höhepunkt mit einem von meinem Kameraden auf der Panflöte vorgetragenen Ave Maria. Anschließend defilierte die Trauergemeinde noch einmal am Schuhkarton mit dem Pudel vorbei. Dann schloss das verwitwete Frauchen den finalen Deckel und reichte Captain Iglo, dessen richtigen Namen wir noch immer nicht kannten, den Karton. Wir gingen an Deck, wo er samt Inhalt nach drei Schiffsglockenschlägen den Wellen übergeben wurde. Dazu flötete Hulapoko „Heil Dir im Siegerkranz"

Während der anschließende Leichenschmaus am planmäßig eröffneten Kuchenbuffet in ein amtliches Besäufnis abdriftete, nutzte ich die Gelegenheit, den Fall genauer unter die Lupe zu nehmen. Ich schlenderte auf der Suche nach einem Tatort den Kabinengang zwischen Speisesaal und dem „Völkerfreundschaft Swing & Dance Club" entlang. Ich blieb nicht lange allein. „Verzeihen Sie, dass ich mich einmische. Vielleicht kann ich Ihnen helfen. Mein Name ist Art Schocker." „Art Schocker?"

## Art Schocker

Ich wusste, dass Sie das fragen würden.", entgegnete der auffällig gut gekleidete Unbekannte. „ Auch ich halte meinen Vornamen für einen der bescheuertsten seit Odysseus und Norbert.

Meine Mutter war eine einfache Frau. Sie war Bergfrau und verdiente unsere wenigen Ostmark im Kalibergwerk Sondershausen. Dennoch war meine Jugend trotz bitterer Armut sehr glücklich, denn ich hatte immer ausreichend Schachtschnaps. Das war auf einszwanzig runtersubventionierter Debutatsfusel, der die bergwerktätigen Staublungen bei Laune halten sollte. Wer Schachtschnaps hatte, war der Partykönig. So wie ich.

Doch meine Mutter hatte auch eine dunkle Seite. Sie war Simon und Garfunkel – Fan mit Schwerpunkt auf Garfunkel. Da sich mein Vater noch vor meiner Geburt aus dem Staub gemacht hatte, gab es außer meiner Oma niemanden, der sie von ihrem aberwitzigen Plan, mich ausgerechnet nach der Weichwurst des ohnehin nicht gerade rockigen Duos zu benennen, abzuhalten versuchte. Es blieb beim Versuch. Und so führe ich seit meiner Geburt den ebenso interessanten wie verstörenden Namen Art Schocker. Wenigstens mein Nachname fetzt. Eigentlich sollte ich meine Brötchen als Autor von Horrorromanen verdienen." Art Schocker lachte ein mustergültiges Film Noir Lachen.

Ich war beeindruckt. „Ich weiß was Schachtschnaps ist. Ich komme aus Nordhausen." Schockers Augen verengten sich zu schmalen, forschenden Schlitzen. „Ich auch." „Aber ich denke, Ihre Mutter ..." „Hat in Sondershausen nur gearbeitet. Verstehen Sie? Nur gearbeitet. Gewohnt haben wir in Nordhausen. In der Blödaustraße 13. Wenn Sie den Mörder eines Pudels finden wollen, müssen Sie schärfer kombinieren und vor allem keine voreiligen Schlüsse ziehen." Die kleine Klugscheißerei am Ende überging ich großzügig. „In der Blödaustraße? Dann waren Sie ja an der Theodor Neubauer – Schule?" „Um genau zu sein war ich an der Polytechnischen Oberschule Dr. Theodor Neubauer. Das ist korrekt. Ja. Sie kommen mir auch irgendwie bekannt vor. Ich vergesse niemals ein Gesicht. Das gehört zu meinem Job. Waren Sie nicht der Typ aus der 8 c mit der Eins in Betragen?" Verdammt. Dass man mir so was mal irgendwo auf dem Indischen Ozean unter die Nase schmieren würde. Der Kerl wurde mir unheimlich. „Darf ich fragen, was genau Ihr Job ist, Herr Schocker?" Art Schocker reichte mir eine Visitenkarte, die nach gewolltem Understatement schrie. Ich las:

**Art Schocker**
*Internationale Ermittlungen,*
*Wirtschaftsdetektei*
*und kriminaltechnische Lösungen.*
*Bahnhofstraße 1, 99734 Nordhausen*
*Termine nur nach Vereinbarung.*

„Käp'm. Wer is?" „Wer ist das denn?" Art Schocker betrachtete meinen herantorkelnden peruanischen Freund, wie ein Kammerjäger eine Schabe. „Das ist mein treuer Gefährte Hulapoko aus ..." „Ach Ihr wart die schräge Kapelle vorletzte Nacht! Mein lieber Scholli. Das letzte Mal, dass ich so etwas Abgefahrenes gesehen habe, war Bernhard Brink beim Jubiläumskonzert der Kommunalen Energieversorgung Nordhausen auf dem Petersberg. Respekt!" „Da war ich auch!"

„Das gibt's doch nicht." „Käp'm?" Hier gab es offensichtlich einiges zu besprechen. Wir überließen die trauernde Jakobschwester und ihre lärmenden Gäste sich selbst und gingen in Art Schockers Kabine, die im Gegensatz zu unserer nicht nur außen lag, sondern auch über eine gut ausgestattete Bar verfügte. Bei einer Flasche laotischen Brandy lauschten wir Schockers unglaublichem Bericht.

## Besuch von der NVA

Es begann vor zwei Monaten. Der Tag war ziemlich heiß. Gisela hatte mal wieder vergessen, die Fenster zu putzen. Schmierschmutz! Die konnte vom Glück reden, dass heute ihr freier Tag war. Ich blinzelte missmutig durch die verdreckten Scheiben auf meine – Verzeihung! – auf unsere Stadt. Das tausendjährige Nordhausen. Ich besitze sogar eine Dauerkarte für den SV Wacker 90. Alf Bögelsack! Hat der Mann nicht für eine ganze Generation von Fußballern den modernen Libero definiert? Unten hupten die Autos. Natürlich hatte unsere rote Bürgermeisterin mal wieder zur unpassendsten Zeit (Ferienbeginn) eine Baustelle genehmigt. Direkt vor der Ampel an der Hauptkreuzung zwischen Südharzgalerie und Bahnhofstrasse. Da ist meine Detektei. 90 überteuerte Quadratmeter Bürofläche mit Blick auf die Zorge.

Um 16:37 Uhr wollte ich gerade den Leiter der im Erdgeschoss ansässigen Burger King – Filiale anrufen. Seit Mittag dudelte dort unten eine von diesen nervigen Panflöten-Indianergruppen. Ich hörte mittlerweile schon zum zwölften Mal El Condor Pasa. Mit Halbplayback. Schlagzeug und Streicher. Das ging gar nicht. Und dazwischen das Gehupe. Es war zum verrückt werden!

„Unteroffiziersschüler Schocker!" Huch! Da war jemand in der Leitung. Das hatte ich schon ein paar Mal. Man will wen anrufen, nimmt den Hörer ab, um zu wählen und plötzlich ist wer dran, dessen Klingeln man gar nicht hören KONNTE, weil sich Abnehmen und Anklingeln nanosekundengenau überschnitten haben. So ein Zufall! „Hallo? Wer spricht denn da? Sie sind verbunden mit dem Büro von Art Schocker – Internationale Ermittlungen, Wirtschaftsdetektei und kriminaltechnische Lösungen, Art Schocker persönlich. Was kann ich für Sie tun?" Pause. Schnaufen, besser: Rasselndes Keuchen. Kratzen. Stille. Dann wieder: „Unteroffiziersschüler Schocker!" „Wie bitte? Hallo? Hallo!" Aufgelegt. Perverse Sau, dachte ich und schüttelte angewidert den Kopf. Bestimmt einer von diesen Typen, die sich im Stadtpark an arglos äsenden Rehen vergingen. Zum Ausspeien.

„Feelings" auf Panflöten mit Hornbläsern aus der Konserve. Jetzt lief das Fass über. Ich riss das Fenster auf. Heiße, abgasgeschwängerte Sommerluft versengte mein ansprechendes Gesicht. „Ruhe, verdammt noch mal! Ruhääää!" Die Indios flöteten unbeirrt weiter. Ich schlurfte an meine Minianlage auf dem Rolf-Benz-Sideboard. Nach kurzem Suchen legte ich *Sabbath bloody Sabbath* ein und drehte den großen Knopf auf 10. Nehmt dies, garstige Indios! Mein Minikühlschrank präsentierte mir drei Flaschen Astra Rotlicht, von denen eine im Handumdrehen vertilgt war. Ozzy quäkte aus den Boxen und ich deutete dezentes Headbangen an, um meine Frisur nicht zu zerstören. Schließlich könnte noch ein Klient auftauchen.

Das tat er dann auch. Ich hatte gerade die zweite Flasche Astra aus dem Kühlschrank geholt und drehte mich um. Plötzlich und lautlos stand er vor mir. Ein Phantom aus längst vergessenen Tagen. Lothar Löffel! „Unteroffiziersschüler Schocker!" Ich blickte konsterniert auf die dargereichte fleischige Hand, die ich einst so oft zum militärischen Gruß an den Mützenschirm geführt sehen musste. „Genosse ... äh ... Herr Major ... Herr Löffel! Waren Sie das eben am Telefon?" „Jawohl! Das war ich, Genosse Unteroffiziersschüler. Und jetzt stellen Sie erstmal diesen fürchterlichen Krach leiser." Da war sie wieder, diese schnarrende Stimme mit deutlichen Übersteuerungen in den Mitten und Höhen. Dagegen war Ozzy Osbourne der reinste Bariton. Folgsam drehte ich die Anlage leiser. „Äh ... ich bin aber kein Unter ..." „Unterbrechen Sie mich nicht. Mit dem neumodischen scheiß I-Phone-Dreck komme ich nicht klar. Dauernd kommt mein Ohrläppchen an die Stummtaste. Ich höre nichts. Man kann mich nicht hören. Vermaledeit so was. Imperialistischer Süff Euff Dreck. Wo ist mein gutes altes OB Feldtelefon, Schocker?" „Ähm ... ich weiß es nicht, Genosse Major."

Ich war total verwirrt. Natürlich trug Lothar Löffel Zivilklamotten. Und zwar solche, aus denen sich nicht schließen ließ, ob es ihm gut oder schlecht geht. Es gibt solche Kleidungsstücke. Zum Beispiel hellbraune Blousons. Die kann man sowohl auf dem Grabbeltisch bei C&A für sechsfünfzig bekommen, allerdings habe ich auch schon den dänischen Königinnengemahl mit so einem Ding gesehen, wenn Sie wissen was ich meine. Außerdem finde ich es immer sehr befremdlich, Soldaten oder Polizisten, die man sonst nur in Uniform sieht, plötzlich bar ihrer schützenden Hülle zu erleben. Es gibt ihnen eine für beide Seiten peinliche Verletzlichkeit, die ich beim ehemaligen Kompaniechef meiner NVA – Ausbildungskompanie in der Rudolf – Egelhofer – Kaserne Weißkeißel so nie vermutet hätte.

Obwohl ich ihm einen Platz angeboten hatte, blieb Löffel stehen. Er war alt geworden. 20 Jahre sind eine lange Zeit. Lothar Löffel legte behutsam eine Akte auf meinen Schreibtisch. „Finden Sie die Alte mit dem Kohlebecken!" Dann drehte er sich um und verschwand aus meinem Büro. Ich mache uns jetzt mal einen ordentlichen Gin Tonic. mit Bombay Zaphire. Nicht mit dieser Gordonsplörre."

# Das Schockermaß

Tatsächlich! Art Schockers Bordbar hatte sogar Bombay Zaphire vorrätig. Den mag ich auch sehr gern. Hulapoko blieb bei laotischem Brandy. Die See hatte sich beruhigt und wir glitten mit der MS „Völkerfreundschaft II" in einen malerischen Sonnenuntergang. Besonders erfreute uns ein Schwarm fliegender Fische, der in den schönsten Formationen am Kabinenfenster unseres neuen Bekannten vorbeiflatterte. Nebenbei erzählte uns Art Schocker, dass er recht viel Geld mit der Entwicklung und dem Vertrieb von kriminaltechnischen Hilfsmitteln verdiente. Stolz präsentierte er Hulapoko und mir eines seiner zahlreichen Patente. Den kombinierten Schritt-/Schuhgrößenmesser. Eine bahnbrechende Erfindung, die Schocker vor ungefähr vier Jahren gemacht hatte. Während in der konventionellen Spurensicherung am Tatort bis dato immer die Abstände zwischen einzelnen Fußabdrücken und die Größe der Fußabdrücke separat gemessen wurden, erlaubte es die von ihm erdachte Anbringung von vier Schiebern auf einem konventionellen Zollstock, beide Maße in einem Schritt abzulesen.

Wir staunten Bauklötze, als Schocker uns erzählte, dass er über seinen Onlineshop *www.detective-schocker.com* bereits mehr als einhundertvierzig Exemplare des Schockermaßes vertickt hatte. Für 38,99 Euro das Stück. Bei einem Materialeinsatz von 1,49 Euro war das ein Zollstock gewordener Goldesel! Art Schocker führte uns sein tolles Gerät vor. Er wies Hulapoko an, einen großen Satz über den Kabinenteppich zu machen. Dabei riss der ungeschickte Indio zwar meinen Gin Tonic um, dennoch war Schocker mit dem Ergebnis zufrieden. Für meinen Geschmack etwas übertrieben fuhrwerkte der Ermittler mit seinem umfunktionierten Zollstock auf dem Teppichboden rum und präsentierte uns nach langatmigen 10 Minuten das Ergebnis seiner Forschungen. „Sie, geschätzter Hulapoko, haben Schuhgröße 43 und können im Schnitt 2,10 Meter weit springen. Sie haben in diesem verhältnismäßig hochflorigen Teppichboden einen Abdruck von 2, 05 cm Tiefe hinterlassen. „Kann doch sein Zufall, Señor." kritisierte Hulapoko den vermeintlichen Fahndungserfolg. „Kann es eben nicht, mein indianischer Freund.", wies Detektiv Schocker den vorlauten Indio geduldig zurecht. „Mit meinem nächsten Patent wird Ihnen der Nutzen des Schockermaßes hoffentlich in seiner ganzen Tragweite bewusst: Die von mir erst im Herbst letzten Jahres auf der internationalen Privatermittlertagung in Sao Paulo vorgestellte Schocker'sche Schuhdrucktabelle. Nach dem Prinzip eines Rechenschiebers lässt hiermit das Ergebnis des Schockermaßes, kombiniert mit der Tiefe des Schuhabdruckes in Zentimetern sowie einer Untergrundskala von „Schneematsch bis Marmor" Rückschlüsse auf das Körpergewicht des Verdächtigen zu." Art Schocker schob also unter unseren aufmerksamen Blicken die Schuhgröße 43 über die soeben gemessenen 2,05 Zentimeter Abdrucktiefe. Dann zeigte er triumphierend auf die Markierung „Hochflorige Fußbodenbeläge, fest verklebt". „Mein lieber Herr Hulapoko, eine Diät würde Ihnen mal wieder gut tun. Sie wiegen bei Ihrer eher durchschnittlichen Körpergröße stolze 97 Kilo." „Jesus!" Hulapoko war platt. Ich applaudierte leise, aber sichtlich beeindruckt. Schocker kam allmählich in Fahrt. „Hier! Hören Sie." Er schob eine CD in die Kabinenanlage und drückte auf „Play". „Rumms! Peng!" Hulapoko und ich zuckten erschrocken zusammen. „Sie hören eine Smith & Wesson 686-3 Eurotarget 1of500. Einen sehr seltenen, weil auf 500 Exemplare reduzierten Revolver. Ich bin in der Lage, quasi jede handelsübliche Schusswaffe dieser Welt an ihrem Klang zu erkennen. Eine Fähigkeit, die jahrelanges Training und höchste Konzentration in Extremsituationen erfordert. Meine Erkenntnisse daraus habe ich vor zwei Jahren der Nachwelt auf meiner CD – Compilation „Schüsse der Welt – Vol.I und II" zur Verfügung gestellt. Sie hörten eine kleine Kostprobe. Die CD ist natürlich ebenfalls in meinem Onlineshop erhältlich." Was für ein stranger Typ! Den Rest des Abends verbrachten wir mit munterem Schusswaffenraten und vernichteten dabei Schockers Bordbar. Als die irgendwann leer war, gesellten wir uns zum ebenfalls schon angeheiterten Rest der Pudeltrauergesellschaft, die im „Völkerfreundschaft Swing & Dance Club" gerade eine amtliche Tortenschlacht am Laufen hatte. Hulapoko enterte die Bühne und flötete noch ein Medley der größten James-Bond-Melodien. Nach *View to a Kill* gingen die Lichter aus.

# Gott

Gott hatte ich mir ganz anders vorgestellt. Einerseits war ich positiv überrascht, dass der Schöpfer ein Jag Panzer – Shirt trug. Jag Panzer sind der ultimative Check für dauerhafte Beziehungen oder die Qualität des DJ's einer selbsternannten Metal-Kultkneipe. Ich sag's Euch: Stryper, Warrant und Metal Church gehen sie noch mit. Bei Jag Panzer streichen sie die Segel. Gott aber kannte Jag Panzer. Und er trug Slayer Signature Vans. Die gleichen, die ich immer haben wollte und fast mal in Leipzig bekommen hätte. Aber da gab es die nur noch in der 38. Mit den Augen des professionellen Ausgucks erkannte ich, dass Gott exakt Schuhgröße 38 hatte. Also war er schon mal in Leipzig. Und diese lächerliche Schuhgröße stützte meine These, dass die Menschen früher alle viel kleiner waren. Außerdem war Gott tätowiert. Und zwar so schlecht, dass ich sofort aus der Kirche ausgetreten wäre, wenn ich denn jemals eingetreten wäre. Hügel mit Kreuz vor Sonne und INRI-Schriftzug in blassblau. Das ging gar nicht. „Ich habe Euch Matchbox-Autos im Intershop gekauft. Aber nur für gut." Meine Oma? Vor meinen Augen verwandelte sich Gott in eine Mittfünfzigerin mit Lockenwicklern und Kittelschürze, die resolut auf mich herabschaute, wobei ich eigentlich viel größer hätte sein müssen. Eigentlich. El Condor Pasa. Käp'm! Meine Oma war Gott war ein Indianer. Was zur Hölle? „...äp'm. Käp'm. Müsse aufwache. Mysteriös Gefahr! Señor!" Hulapoko!

## Die Alte mit dem Kohlebecken

Und Art Schocker. Ich war etwas verschlafen und reichlich verkatert. Zumindest lag ich in meinem Bett. „Sie ist hier!" Art Schocker hatte seine Augen aufgerissen. Damit wollte er wohl die Dramatik seiner Aussage unterstreichen. Ich verstand trotzdem nur Bahnhof. Da Hulapoko jedoch bedeutungsschwanger nickte, wusste er wohl schon mehr als ich. „Wer denn? Und wo?" Ich rappelte mich auf. „Die Alte mit dem Kohlebecken.", erklärte Schocker. „Ist Bild. Düster teuer.", fügte Hulapoko überflüssigerweise hinzu. Denn natürlich wusste ich, dass „Die Alte mit dem Kohlebecken" 1617 von Peter Paul Rubens mit Öl auf Holz gemalt wurde. Trotz seiner in der Tat recht dunklen Attitüde mochte ich das Bild immer sehr gern, da mich die Alte an unsere alte Nachbarin Frau Kannegießer erinnerte, die mir als Kind immer die eine oder andere Süßigkeit zugesteckt hatte. Manchmal sogar aus dem Westen. Aber soviel ich wusste, dürfte sich das Gemälde eher in der Dresdner Gemäldegalerie, als an Bord eines zweitklassigen Kreuzfahrtschiffes befinden. Schocker spürte meine Skepsis.

„O.K. Ich mache es kurz. Major a.D. Lothar Löffel arbeitet heute als Museumswärter in der Dresdener Gemäldegalerie Alte Meister. Das klassische Schicksal der alten Kader nach der Wende. Versicherungen, Mukkibude oder irgendwas mit Wachdienst. Während seiner Schicht am 24.Mai diesen Jahres wurde ‚Die Alte' geklaut. Löffel war maximal 2 Minuten auf dem Klo. In dieser Zeit muss es passiert sein." „Und das hat keiner bemerkt? So was steht doch dann auch in der Zeitung.", warf ich ein. „Nein. Niemand hat etwas bemerkt. Außer Major Löffel. Glaubt mir. Ich habe unter Löffel gedient. Dem entgeht nichts. Besonders dann nicht, wenn auf dem Rahmen eines vermeintlichen Originals plötzlich ein Schild ‚EVP 48, - M' klebt. Das hat Löffel natürlich erst mal entfernt, um Zeit zu gewinnen." Ich musste nachdenken. „EVP? Das war doch der Einzelverkaufspreis ..." Schocker nickte und ergänzte: „In der DDR. Richtig. Und da liegt der Hase im Pfeffer. Ich verfolge die Spur der Alten nun schon seit drei Monaten. Sie MUSS auf diesem Schiff sein. Kommt!"

Wir gingen auf das Sonnendeck, um unsere Köpfe etwas frei zu bekommen. Eine gut gelaunte Nancy begrüßte uns mit drei farbenfrohen Cocktails. „Güd'n Morjen, Jungens." „Guten Morgen, liebe Nancy. Wo sind wir gerade?" „Wenner Captain einpennt, schrabbern wiar anne Mollediwn." „Oh!" Dann hatten wir also die Palkstraße auf Backbord. Interessante Gegend. Plötzlich hörten wir etwas ins Wasser plumpsen. Art Schockers Warnschrei ging im Aufheulen eines gequälten Außenborders unter. Hilflos mussten wir mit ansehen, wie sich mit rasender Geschwindigkeit ein Schlauchboot von der „MS Völkerfreundschaft II" entfernte. Und wer saß darin und zeigte uns hämisch den Mittelfinger? Die trauernde Jacobschwester!

## Jagdszenen in der Lakkadivensee

Art Schocker hatte als Erster die Fassung zurückerlangt. „Hinterher!" Wir rannten zu den Rettungsbooten. Zielstrebig entschied ich mich für eines der größeren, da es mir auch als Tenderboot geeignet erschien. Ich sprang hinein, um die notwendigen Startvorbereitungen einzuleiten, kam allerdings nicht weit. Der ungeschickte Hulapoko war mir gefolgt und mit dem Hintern auf

das Schaltpult geflogen. Das löste eine unbeab-
sichtigte Kettenreaktion aus:

1.  Der Motor drehte volle Pulle auf.
2.  Gleichzeitig löste sich die Verriegelung
    und wir plumpsten ins Wasser.
3.  Wir düsten in einem Affenzahn aufs Meer
    hinaus.
4.  Art Schocker stand wie ein Häuflein
    Elend an Bord der MS „Völkerfreund-
    schaft II" die wie unser Stardetektiv rasch
    kleiner wurde.

„Puta Madre! Nich gewollt, Käp'm. Oh ..." „Ist
jetzt egal Hulapoko. Zum Umdrehen haben wir
keine Zeit. Sonst ist die diebische Schwester
weg." Denn inzwischen hatte ich eins und eins
zusammengezählt. Der biologische Angriff mit
Staupeviren. Der angebliche Pudelmord und die
verschwundene Alte mit dem Kohlebecken. Das
alles stank ganz fürchterlich zum Himmel und
lief letztendlich auf eine Hauptverdächtige hinaus: Die kleine Dicke mit den weißen Locken, die
vor uns in einem knallroten Gummiboot floh.
Ich hatte bei der Wahl unseres Verfolgungsboo-
tes voll ins Klo gegriffen. Ich weiß nicht, wie oft
auf Kreuzfahrtschiffen die Rettungsboote gewartet werden. Bei dem hier ging jedenfalls so gut
wie nichts. Außer Vollgas kannte das Teil keine
andere Einstellung. Jedes Mal wenn ich nach
backbord steuerte, ging automatisch das Nebelhorn an. Und irgendeine Sau hatte das Klo nicht
sauber gemacht. Wir hüpften über die Wellen,
dass die Gischt nur so spritzte und gleichzeitig

schwappte es aus der Schüssel. Das Boot stank wie eine Klärgrube. Selbst Hulapoko verzog angewidert das Gesicht. Allerdings hellte sich das wieder auf, als er unter dem Beifahrersitz eine Flasche Eierlikör fand. Meter um Meter kämpften wir uns an die Gejagte heran. Plötzlich gab es einen fürchterlichen Knall. Wir überschlugen uns und kamen kieloben zum stehen. Zum Glück sind die Rettungsboote ja oben zu. Doch ich traute meinen Augen nicht. Da ich selbstverständlich angeschnallt war, hing ich mit dem Kopf nach unten und sah also alles, was sich unter Wasser befand. Nur verkehrt rum. Fassungslos starrte ich in das Bullauge eines U-Boots, aus dem mich wie im Kopfstand ein vertrautes Gesicht anschaute: Sascha!

## Es gibt ein Wiedersehen

Das gibt es doch nicht!" „Andreas! Dorogoij Drug! Und Towarischtsch Hulapoko. Bolschaja Flöte!" Wie ein Walvater mit seinem Baby trieben unser Rettungsboot und die „Stanislaus Versenki" Seite an Seite im Indischen Ozean. Jede Wahrscheinlichkeitsrechung ad absurdum führend hatten wir nun schon zum zweiten Mal die Route des von meinem ehemaligen sowjetischen Brieffreund kommandierten Atom – U – Bootes gekreuzt. Entsprechend groß war die Wiedersehensfreude. Die flüchtige Jacobsister musste erst mal warten. Freundschaften pflegen geht vor Verbrechensbekämpfung. Bei einer Flasche Wodka Gorbatschow tauschten wir unsere letzten

Abenteuer aus. Sascha berichtete, dass mein erstes Buch für ziemlichen Wirbel in Russland gesorgt hatte und er wegen der Verschwendung einer Mittelstreckenrakete zu meinen Ehren zwei Jahre in den Imbiss einer Wolgafähre zwangsversetzt wurde. Dort musste er Bockwürste verkaufen, Wodka ausschenken und Glückslose an den Mann bringen. Alles in allem eine mehr als demütigende Strafe für einen so hoch dekorierten Marineoffizier. Doch Fortuna hatte ein Einsehen mit meinem Freund. Nachdem er in der russischen Supertalentshow mit einer Panflötenversion von „Kalinka" den dritten Platz belegt hatte, besann sich auch die Marine wieder auf die Qualitäten ihres verlorenen Sohnes und gab ihm das Kommando über den Atomriesen wieder. Hulapoko war beeindruckt: „Du flöte?" „Da! Towarischtsch Hulapoko haben Feuer entfacht in russisches Bär Herz." „Dein Deutsch war auch schon mal besser!" konnte ich mich einer zarten Kritik nicht erwehren. „Da! Aber nicht brauchen in Atlantik." „Wir sind hier aber im Indischen Ozean, Sascha." „Ach Du Scheiße ..." Wir hielten kurz inne und lachten dann aus vollen Herzen. Gut zu wissen, dass auch ein russischer U-Boot-Kommandant sich ab und an verfährt.

## Die Jagd geht weiter

Am nächsten Morgen setzten wir uns mit ein paar Gläsern Wodka - O vor das Radargerät des U-Bootes. Nach kurzer Suche wurden wir fündig. Frau Jakob hatte unsere spontane Wiedersehensfeier genutzt und jagte als kleiner Punkt bereits durch den Golf von Bengalen. Wir hatten keine Zeit mehr zu verlieren. Es wurde ein kurzer, herzlicher Abschied mit der Gewissheit, dass man sich nach dem zweiten Mal immer zum dritten Mal sieht.

Während wir mit der höchsten Drehzahl den Ozean durchpflügten, versuchte ich mich in das kriminelle Gehirn unserer Gegenspielerin zu versetzen. Wo könnte sie hinwollen? Wer waren ihre Komplizen? Fragen über Fragen. Das einzige, was wir wussten, war was es heute zu Mittag geben würde. Sascha hatte uns einen großen Topf Soljanka zum Abschied geschenkt. Und sechs Flaschen Wodka! Weil es an Bord des Rettungsboots kein Radio gab, flötete Hulapoko *In the Navy*. Und plötzlich wusste ich, dass alles gut werden würde.

## Weihnachten auf den Osterinseln

Wir passierten Smith Island in Richtung Andamanensee. Wenn wir hier rechts abbiegen würden, könnten wir der Weihnachtsinsel einen Besuch abstatten. Ich erzählte Hulapoko, wie ich vor ein paar Jahren Weihnachten auf den Osterinseln eingeführt hatte. Das war nämlich so: Ich war einhand auf dem Seeweg von Sierksdorf nach Puerto de la Cruz Tenerife unterwegs, weil ich den Weltrekord für die schnellste Segelstrecke zwischen zwei Vergnügungsparks auf unterschiedlichen Kontinenten aufstellen wollte. Was lag da näher, als vom Hansapark aus den Loropark mit seinen lustigen Papageien und der Esel-reitstation zu besuchen. Meinen Zieleinlauf hatte ich relativ theatralisch auf den 24.12. terminiert, wo ich dann als Stargast auf dem Puerto de la Cruzischen Weihnachtsmarkt das letzte Türchen öffnen sollte. Gesponsert wurde dieses waghalsi-ge Unternehmen von einem Bevenser Möbel-haus. Dem örtlichen Lionsclub gelang es mir, als ostdeutschem Halbwaisen 300,- Euro unter An-erkennung des internationalen Ansatzes meiner Mission aus dem Kreuz zu leiern. Außerdem konnte ich durch die fadenscheinige Begrün-dung, mit meiner Fahrt auf das Elend des atlanti-schen Wrackbarsches (Polyprion Americanum) aufmerksam zu machen, ein paar Euro von Greenpeace abstauben. Wrackbarsche kann man übrigens hervorragend zerstückeln und in einem Römertopf mit Butterflocken, Tomaten – und Paprikascheiben bewerfen, Zitronensaft drauf-schütten und dann irgendwie überbacken. Habe ich mal gelesen. Das kann aber auch ein anderer Fisch gewesen sein. Egal.

Jedenfalls war ich allein unterwegs. Und ich hatte natürlich mal wieder das Aufladekabel von meinem I-Pod vergessen. Mehrere Tage ohne Musik an Bord. Das kann auf dem Ozean sehr schnell langweilig werden. Die ersten vier, fünf Stunden denkt man noch: Mann, super. Keine Zivilisation. Niemand quatscht Dich voll und Du musst Dich auch nicht darüber ärgern, dass die CD, die Du natürlich ganz legal für 9,99 Euro bei I-Tunes gezogen hast, außer zwei, drei guten Songs ansonsten ganz schöne Längen hat und irgendwie wie jede andere auch klingt. Und die-

91

ser Dreck kommt in die Charts. Lady Gaga ist auch völlig überbewertet. Das hatten wir mit Cindy Lauper und Madonna schon mal. Nicht zu vergessen Samantha Fox. So ungefähr hatte ich zunächst gedacht. Renommierte Marinepsychologen nennen diese Phase prätraumatische Einsamkeitseuphorie.

Ein paar Stunden später folgt das atypische Verweigerungssyndrom. Man ignoriert vehement das Alleinsein und fängt an, charakteristischen Wolkenformationen Namen zu geben. Horst mit der Knollnase. Die bucklige Liesbeth mit dem Giraffenhals. Der haufenförmige Kevin mit den neun Beinen. Und so weiter. Oft begleitet von längeren Monologen der Art: „Na? Mal wieder in der Gegend?" Aber auch das wird schnell öde. Außerdem kriegt man irgendwann einen steifen Hals vom dauernd in die Wolken gucken. Also schaut man nach zirka 20 Stunden nur noch nach unten und versucht, versteckte Botschaften im Spritzwasser auf dem Schiffsboden zu entdecken. Nach 24 Stunden erkennt man zerknirscht, dass das eine total absurde Idee war. Außerdem ist es spätestens dann dunkel und man wird unweigerlich bekloppt und macht Fehler. Das merkt man aber erst am nächsten Morgen, dem sogenannten Erweckungsmoment.

Nach meiner digitalen, angeblich bis 30 Meter wasserdichten Armbanduhr war es der 24.Dezember. Doch die Inselgruppe schräg vor mir konnte unmöglich Teneriffa sein. Fieberhaft blätterte ich in meinem Scherenschnittalbum. Da ich ein sehr billiges Fernglas habe, bei dem auch noch die linke Seite einen Sprung hat, bin ich irgendwann mal auf die Idee gekommen, zur besseren Orientierung auf hoher See aus schwarzem Buntpapier die Konturen aller relevanten Küsten und Inselgruppen auszuschneiden. Denn was sieht man immer als erstes? Richtig! Die Silhouette. Dazu hatte ich nächtelang Fotos gegoogelt, Atlanten und Seekarten gewälzt und bei Wikipedia gesurft. Irgendwann war dann mal ein ungefähr 2000 Seiten dickes Buch fertig, das ich seitdem häufig mit mir führe. Teneriffa kann man recht gut erkennen, weil es durch den Tejde wie eine plattgebügelte Mainzelmännchenmütze aussieht. Lamu vor der Küste Kenias erinnert an ein Stück Zahnriemen vom Opel Vectra. Natürlich mit den Zähnen nach oben. Das sind in echt diese schmucklosen würfelförmigen Häuser am Strand. Die Inseln vor mir sahen aber aus, wie ein paar hingeschmissene Eier mit zwei Hasenohren dahinter. Mir schwante nix gutes. Unter O wurden dann meine schlimmsten Befürchtungen bestätigt. Ich hatte mich total verfahren. Vor mir lagen die Osterinseln. Und das an Weihnachten. Weltrekord futsch. Weihnachtsfest im Eimer. Die Blamage war perfekt. Ich holte die Segel runter und schmiss den Außenborder an, den ich vor lauter Ärger gnadenlos aufheulen ließ.

Der kleine Naturhafen lag direkt vor den einschlägig bekannten Steinskulpturen. Der Hafenmeister hieß Pepe Gonzales und war sehr freundlich. Ich konnte mir einen Liegeplatz aussuchen, weil zu dieser Zeit außer mir natürlich kein Tourist auf die Idee kommt, die Osterinseln zu besuchen. Ich hatte große Lust, mich vor Kummer zu besaufen. „Habt Ihr wenigstens einen Weihnachtsmarkt, Pepe?", wollte ich daher wissen. Doch der nette Eingeborene zuckte mit den Schultern. „Was Markt? Feiern? Hier nur Ostern." Das durfte doch nicht wahr sein. Weihnachten ist mein Lieblingsfest, das ich nicht so schnell aufgeben wollte. Ich lud Pepe auf mein Schiff ein und schmiss eine Kiste Einbecker Weihnachtsbock. Pepe war nach der dritten Pulle blau und empfänglich für einen meiner genialen Pläne, der von Flasche zu Flasche allmählich Konturen annahm. Irgendwann ließ ich die Katze aus dem Sack:„Pepe, ich schenke den Osterinseln Weihnachten!" „Su ... hick ... huper, Señor."

Am nächsten Morgen waren alle 3000 Einwohner der Osterinseln auf den Beinen, um Pepes und mein Werk zu bewundern. Als erstes fielen den stauenden Aborighines die tollen roten Weihnachtsmannmützen ins Auge, die wir ca. 15 der berühmten Steinfiguren die halbe Nacht über genäht und aufgesetzt hatten. Dafür mussten wir extra in die Hauptverwaltung der örtlichen Rot-Kreuz-Zentrale einbrechen und hatten aus sämtlichen Fahnen, Laken, Kitteln usw. die roten Kreuze ausgeschnitten und mützenförmig wieder zusammengenäht. Die Umrandung, die Bommeln und natürlich die Bärte waren aus Bettbezügen gebastelt, weil Pepes Frau – wie übrigens jeder Osterinsulaner – nicht stricken konnte.

Ein großes Hallo erntete auch unser Kunstschneeprojekt, für das wir einfach mit einer Ladung Farbe und entsprechendem Gerät aus der nächstgelegenen Autolackiererei den Strand weiß gespritzt hatten. Ich wette, die meisten Einwohner haben noch nie zuvor Schnee gesehen! Als wir den ersten Glühwein einschenkten, für den wir aus der Not heraus einfach den Rotwein aus meiner Bordbar heiß gemacht und mit Oldesloer Weizenkorn gestreckt hatten, brachen schließlich alle Dämme bei den sonst eher recht zurückhaltenden Eingeborenen. Nachdem ich mich kurz in brüchigem spanisch als Veranstalter des ersten osterinsulanischen Weihnachtsmarktes vorgestellt und den ungefähren Sinn von Weihnachten erklärt hatte, stürmte jeder nach Hause, um kurz darauf mit lustig verpackten Geschenken einem x-beliebigen anderen eine Freude zu machen. Mir schenkte der Bürgermeister eine sprechende Puppe in Form der Steinmännchen, die unter japanischen Touristen der absolute Renner ist. Sogar die Augen blinkten und auf Knopfdruck drehte sich der Kopf. Eine ältere Dame hatte mir vor lauter Dankbarkeit ein paar Socken gehäkelt. Allerdings haben Osterinselmenschen sehr große Füße, sodass ich zunächst dachte, ich hätte zwei Mützen bekommen. Rührend fand ich auch ein kleines Mädchen, das mir ein Paar Inliner Größe 46 (das ist dort eine klassische Kindergröße!) in die Hand drückte und lispelte, dass dies heute das bisher schönste Fest in ihrem Leben sei.

Unseren größten Trumpf hatten Pepe und ich allerdings noch unter einer riesigen Zeltplane versteckt gehalten, die wir uns kurzfristig bei einem durchreisenden Wanderzirkus geliehen hatten. Da die örtliche Kurkapelle natürlich keine Weihnachtslieder drauf hatte, bat ich sie, etwas ähnlich Feierliches zur Enthüllung zu spielen. Die Damen und Herren Musiker entschieden sich für *Love me Tender*. Und so präsentierten wir zu diesen schönen Klängen unter großem Oh und Ah: Einen Weihnachtsbaum! Zum Glück kannte Pepe eine Stelle, wo auf der ansonsten sehr kargen Insel noch ein paar Bäume standen. Die hatten wir über Nacht abgeholzt und einen dermaßen täuschend echten Tannenbaum geschnitzt, dass sogar der Bevenser Weihnachtsmarkt verblassen würde. Die Nadeln hatten wir aus grün lackierten, aufgebogenen Büroklammern gebastelt. Und als Deko hatten wir Kugelfische angemalt und Seetang silbern gespritzt. Die Menschen waren dermaßen begeistert, dass sie Pepe und mich auf ihren Schultern dreimal um den Baum trugen!

Und seitdem wird auch auf den Osterinseln Weihnachten gefeiert. Kaum auszudenken, wenn wir etwas mehr Zeit gehabt hätten und mal eben im Vorbeisegeln den Weihnachtsinseln das Osterfest geschenkt hätten. Aber Hulapoko und ich waren in der tragenden Rolle der Verfolger. Es galt, keine Zeit zu vertrödeln.

## Gewalt erzeugt Gegengewalt

Wir erreichten das rote Gummiboot noch früher als erwartet. Schwester Jacob hatte dermaßen Stoff gegeben, dass der Tank schon weit vor der thailändischen Küste leer war. Darauf hatte ich letztendlich spekuliert, denn natürlich war mir irgendwann klargeworden, dass die Flucht der diebischen Schlagerdiva alles andere als geplant gewesen war. Art Schocker war ihr ganz schön auf die Pelle gerückt. Da blieb natürlich keine Zeit, um Reservekanister aufzufüllen.

Frau Jacob wehrte sich mit Händen und Füßen gegen ihre Festnahme. Eine mexikanische Wrestlerin war nichts dagegen. Doch sie ging zu weit, als sie Hulapoko plötzlich an seinen geliebten Haaren zog. Wenn ich eins bei Karl May gelernt habe, dann dies: Reiße niemals einem Indianer an den Haaren. Außer vielleicht einem Irokesen. Und richtig. Kaum dass sich ihre wurstigen Finger im Schopf meines Kameraden verfangen hatten, wurde dieser schon unsachlich. Mit einem kräftigen Schlag landete seine Faust auf Schwester Jacobs Nase. „Aua!" Während die Diebin elend jammerte, konnten wir sie in aller Ruhe fesseln und auf unser Rettungsboot verfrachten. Anschließend durchsuchten wir das rote Gummiboot, mussten allerdings enttäuscht feststellen, dass von der *Alten mit dem Kohlebecken* jede Spur fehlte. Entsprechend groß war unsere Enttäuschung. Es wurde Zeit, härtere Bandagen anzulegen.

## Guantanamo auf Panflöte

From Sarah with laaahahaaaaf ..." „Gnade! Neee ..." Flöt – flöt. Unsere Gefangene war nur noch ein Schatten ihrer selbst. Seit 14 Stunden folterten wir die mutmaßliche Kunstdiebin mit den grausamsten Songs der Musikgeschichte auf Panflöte. Sarah Connor hatte sie endlich weichgekocht. „Lass gut sein, Hulapoko. Höchstens noch R.Kelly. *I believe I can fly.*" „Neeeiiinn! Ich sage alles! nur nicht R.Kelly!" „ Ich kann auch *Oh Mandy* in der Version von ..." „Um Gottes Willen! Nein. Bitte bitte!" „Käp'm?" „O.K. Kurze Pause. Jetzt ist erst mal unser netter Damenbesuch dran." Eigentlich war ich ganz schön überrascht, dass ausgerechnet ein Mitglied der Jacob Sisters so etwas wie eine musikalische Schmerzgrenze hatte. Aber das konnte uns relativ egal sein. „Würden Sie mir wenigstens die Fesseln abnehmen? Wohin soll ich denn hier abhauen?" Die Jacob hatte recht. Wir hatten wieder volle Fahrt aufgenommen und rasten mit unserem Rettungsboot Richtung Bangkok. Blöderweise lag das leicht auf backbord, sodass unser defektes Nebelhorn im Dauerbetrieb hupte.

Vermutlich waren wir dadurch etwas abgelenkt. Kaum hatten wir unserer Gefangenen die Fesseln abgenommen, zog sie behände wie ein Varietekünstler ein kleine Fläschchen aus der Hosentasche, schrie wie von Sinnen „Seid bereit! Immer bereit!" und kippte den Flascheninhalt mit einem Zug runter. Zunächst dachte ich ‚Oh Gott! Ein Selbstmordattentat ohne Kollateralschaden.', aber die Jacob machte nach wie vor einen unversehrten Eindruck. Hulapoko schaute mich fragend an. „Auch einen Eierlikör?" Ich nickte. Warum sollte sich nur unsere Gefangene einen hinter die Binde gießen? Vermutlich hatte die Gute auf ihrer Flucht etwas zuviel Sonne auf das gelockte Haupt bekommen. Erst als wir unser Verhör fortsetzen wollten, merkten wir, dass etwas nicht stimmte.

# Angriff der Vokalfresser

Prst. Frwl. Smrkrgtrntsrs!" „Hä?" „Käp'm?" Die Jacob sprach plötzlich so komisch. Suaheli war das nicht. Wollte die uns jetzt verarschen? „Los Hulapoko. *Oh Mandy!*" Die sollte uns kennenlernen. „*I remember all my leiiif ...*" Flöt – flöt. „Hlnssmrrr! Nrrrgg. Nrrrg." Mann, hatte die Nerven! „*Raining down as cold as ice ...*" Flöööööt! „Wrdssnnttt! Grrfn." „Moment mal. Frau Jacob, ich verstehe, dass einem unser Gedudel die Sprache verschlagen kann. Aber Sie können dem hier ganz schnell ein Ende bereiten, wenn Sie uns endlich verraten, wo *Die Alte mit dem Kohlebecken* ist." Die spontan an einer geheimnisvollen Sprachstörung erkrankte Frau machte das internationale Handzeichen für ‚Geben Sie mir bitte Stift und Papier.' Ich reichte ihr einen Bleistift, die Rückseite der Seekarte „Ahemabad und Umgebung" und war gespannt. „Dswrdhnckrnddrkrnz". Offensichtlich war die Jacob genauso überrascht wie ich, denn sie starrte mit aufgerissenen Augen auf den hingekrackelten Mist. „Geben Sie mir mal die Fasche", bat ich. Schuldbewusst reichte sie mir die kleine Ampulle. Entsetzt las ich, was auf dem Etikett stand: *Vokal-Ex; Ministerium für Staatssicherheit. Zur oralen Einnahme empfohlen. Achtung! Nicht für Kinder geeignet.*
„Wo haben Sie das denn her?" Anscheinend wusste die Jacob selbst nicht so genau, was sie sich da eingeschmissen hatte, denn sie heulte wie ein Schlosshund. Allerdings ohne Vokale. Immer wieder tippte sie auf die Notiz, die sie uns vorhin

hingekritzelt hatte. So kamen wir nicht weiter. Ich musste ganz tief in Trickkiste greifen. „Los Hulapoko, mach uns mal die Soljanka von Sascha warm!"

# Der Schamanentrick

Saschas Soljanka hatte vermutlich einen Feuerquallenanteil von 70 %. Der Rest waren Peperoni und Cheyennepfeffer. Ich kämpfe mit Wodka gegen das infernalische Brennen an. Mein Ziel war es, mich in eine Art Schamanenzustand zu saufen, um der Lösung unseres Problems näher zu kommen. Leider musste ich improvisieren, da wir nicht alle Utensilien im Rettungsboot hatten. Das obligatorische Räucherzelt imitierte ich also mit der scharfen Soljanka von Sascha. Die machte einen hervorragenden Job, denn ich schwitzte schon nach vier Löffeln wie der dicke Kommissar aus dem ZDF – Krimi, von dem ich sowohl den Namen als auch den Titel der Serie vergessen habe. Die Jacobschwester und Hulapoko verfolgten mein seltsames Treiben gespannt. Vor mir lag die unverständliche Botschaft, der ich nun versuchte, ihr Geheimnis zu entlocken.

Der Schamanentrick funktioniert jedes Mal anders und ist stets für eine Überraschung gut. Beigebracht hatte ihn mir Manfred Baginski noch zu tiefsten DDR-Zeiten. Nur unter Zuhilfenahme einer „Frösi" - dem bunten Blatt für aufgeweckte Jungpioniere - und drei Flaschen Gothano-Wermut, hatte Manner 6 Richtige im Telelotto

vorausgesagt. Die gewonnenen 112.000,- Ostmark legten Manner, Bombenhagel und Nicke-
nick (seine Brüder) sinnvoll in Heavy Metal Plat-
ten, - Poster, - Anstecker, - Aufkleber, und – T-
Shirts vom Budapester Schwarzmarkt sowie drei
höllisch laute Westkassettenrecorder an. Der
Begriff Ghettoblaster wurde erst später erfunden.
Ich hatte den Schamanentrick immer weiter ver-
feinert und bereits einige Achtungserfolge verbu-
chen können. So war mir beispielsweise irgendwann mal der Bandname von Negative Approach
entfallen. Oder etwa die Geheimzahl der EC-
Karte meiner Oma. Obwohl sich die leichtsinnige
Greisin die Zahl extra mit Tesafilm auf die Rückseite der Karte geklebt hatte, löste sich diese bei
hochsommerlichen Temperaturen. 1027. Das
hatte mich lediglich eine Flasche Doppelkorn und
den Eintritt in die Sauna des Nordhäuser Bade-
hauses gekostet. Versuchen Sie mal, eine Flasche
Korn in die Sauna zu schmuggeln. An sitzen war
nicht zu denken. Aber nach nur 25 Minuten
tanzten die Zahlen des Thermometers vor meinen Augen. 1027. Danach schmiss mich der Ba-
demeister raus.

Am Kartentisch unseres Rettungsbootes passierte lange Zeit gar nichts. Ich trank Wodka,
löffelte die infernalisch scharfe Soljanka, schwit-
ze wie verrückt und starrte auf die Nachricht.
Inzwischen war ich schon lattenstramm. Plötzlich
lösen sich zwei, drei Schweißtropfen von meiner
Stirn und platschen auf das Blatt. Die Buchstaben
verformten sich zielstrebig. Ich kniff die Augen
zusammen. Dann kippte ich vom Sitz.

# Ausgesetzt

Hulllla ... po ... ich hicks ... häää ... happ ... tsss ... hahab's! Hulapo ... ???" „Mmmpffff ... mmm ... mppppfffff!" Mich traf der Schlag. Vor mir kauerte ein gefesselter Hulapoko. Schlagartig war ich wieder nüchtern. Was war passiert? Hastig befreite ich meinen unglücklichen Gefährten und blickte mich um. Wir befanden uns an einem weißen Sandstrand. „Argghhh ... nix schimpfe böse, Käp'm! Hat Hulapoko überliste. Käp'm betrunke auf Tisch. Ich sorge, dann von hinte Flasche Wodka auf Kopf. Nix mehr wisse. Böse Frau! Nun hier. Was solle werde? Wo sind?"

Das war eine gute Frage. Mir fiel ein altes indonesisches Sprichwort ein: *Dari Sabang sampei Merauke.* Das heißt soviel wie *Von Sabang bis Merauke.* Mit Sabang ist die  Insel Weh, also der westlichste Punkt Indonesiens gemeint. Am Horizont erkannte ich eine zweidimensionale Verwerfung über dem gekräuselten Ozean. Hätte ich doch nur mein Scherenschnittalbum dabei! Aber nach Jahren auf See war ich in der Lage, auch anhand der Wasseroberflächenkräuselung Rückschlüsse auf den Meeresboden zu ziehen. Ich kombinierte messerscharf. Das sah mir schwer nach dem Nicobar Semeulue Bassin aus. Also war die Insel am Horizont Pulau Breue und wir befanden uns folgerichtig auf Pulau Weh.

„Käp'm?" Ach so. Hulapoko war ja noch gefesselt. Während ich ihn losmachte fiel mir wieder ein, was ich mithilfe des Schamanentricks herausgefunden hatte: „Das waren die Honecker und der Krenz." „Marregotte?" Hulapoko massierte seine geschwollenen Handgelenke. Margot Honecker. Ich musste an unser Abenteuer auf Kuba zurückdenken. Sie hatte meinen Freund nur benutzt. Und schon wieder schien die alte Volksbildungsministerin eine fragwürdige Rolle in einer immer wirrer werdenden Geschichte zu spielen. So langsam entwickelte sich die Honecker zu einem weiblichen Dr.No in meinem Leben. Jacob Sister, Margot Honecker, Egon Krenz. *Die Alte mit dem Kohlebecken.* Art Schocker. All das machte überhaupt keinen Sinn. Hätte sich diese Story ein Schriftsteller ausgedacht, wäre er ganz klar ein Fall für die Klapsmühle. Aber das hier war Indonesien. Das war die Realität!

## Gerettete Retter

Chuai lüüa! Chuai lüüa!" Ich rannte zum Wasser. Chuai lüüa heißt Hilfe auf thailändisch. Es war also klar, was die Rufe bezwecken sollten. Nach kurzem Suchen entdeckte ich einen winkenden Mann 50 Meter vor uns in den Wellen. Ich rannte wie der junge David Hasselhoff los. Und rannte und rannte. Als ich neben dem Mann ankam, konnte ich immer noch stehen. „Wollen Sie mich verarschen?" Der ältere Herr blinzelte mich verwirrt an. „Ah! Sie deutsch?" Ich war verärgert. „Ja. Was ist passiert? Warum laufen Sie nicht einfach an Land?" Er verneigte sich sehr höflich und ließ mich bescheiden wissen: „Meine Brille liegt im Wasser. Ich nicht sehr gut sehen ohne. Mein Segelboot gesunken, nachdem gerammt von rasendes Rettungsboot. Bitte helfen."

Das war was anderes. Ich tauchte ab und entdeckte die gold gerahmte Lacostebrille unter einem schlafenden Seeigel. „Bitte schön!" „Khop Khun Khrap. Vielen Dank! Gestatten, dass ich mich vorstelle. Bhumibol Adulyadej." Mir knickten fast die Knie weg. „Königliche Hoheit."

Ich geleitete den thailändischen Monarchen sorgfältig an Land, wo ich ihn mit meinem Freund Hulapoko bekanntmachte. Der war wenig beeindruckt, da der König von Thailand in Peru ungefähr so bekannt ist, wie Jeanette Biedermann in der Mongolei. Ich jedoch konnte es nicht fassen. Unglaublich, was ich auf meinen Reisen so alles erlebte! Bhumibol erzählte, dass er gern mal auf seiner kleinen Segeljolle dem stressigen Palastalltag entfloh. Immerhin hatte er 1967 die Goldmedaille im Segeln bei den Südostasienspielen gewonnen. Diesmal allerdings wurde er vom Pech verfolgt. Zunächst hatte ihn ein mittelschweres Seebeben weit in die Malakkastraße hinausgeschleudert und dann wurde er auch noch von unserer flüchtenden Jacobsister gerammt. Zum Glück waren wir in der Nähe. Ich gab dem Monarchen ebenfalls einen kurzen Abriss über unser bisheriges Abenteuer. Bhumibol schüttelte lachend den Kopf: „Sachen gibt's." Dann holte er eins von diesen wasserdichten Outdoorhandys aus seinem Blouson, wählte eine Nummer und gab energische Anweisungen, wie sie nur ein Mann zu geben weiß, der es gewohnt ist, zu befehlen. So wie ich. Nach nur einer Stunde landete ein Hubschrauber der thailändischen Luftwaffe und brachte uns nach Bangkok.

# Bei Hofe

Wenn ich jungen Menschen einen Rat geben darf: Vorsicht bei der Berufswahl! Monarch ist einer beschissensten Jobs, die man sich vorstellen kann. Uns wunderte gar nicht, dass der arme Bhumibol ab und an mit seinem Boot abhaute. Mal eben in Jogginghose aufs Klo? Vergiss es! Unser blaublütiger Freund konnte schon froh sein, wenn sein Morgenschiss nicht live im Frühstücksfernsehen übertragen wurde. Und dauernd wollte irgendwer irgendwas von ihm. Urteile unterschreiben. Begnadigungen unterschreiben. Eine Baumschule eröffnen. Gesetze erlassen. Gesetze ändern. Den Kammerdiener zum Oberkammerdiener befördern. Den Sack Reis zum königlichen Sack Reis ernennen. Und wenn der umfiel, interessierte das kein Schwein. Selbst in China nicht. Mir wäre schon längst der Kragen geplatzt. Allerdings trugen Bhumibol und seine ganz bezaubernde Gattin ihr Schicksal mit Fassung. Wenn der Spuk sich am späten Abend etwas gelegt hatte, saßen Hulapoko und ich mit den beiden bei einer Party Schweinchenknobeln zusammen und tranken thailändisches Bier. Königin Sirikit hatte herzhafte Mettbrötchen geschmiert und ließ ihren Gatten immer gewinnen. Bhumibol hatte einmal vier Doppelbacken und zwei Doppelschnauzen, bevor ihn eine Suhle wieder zurückwarf.

Am vierten Tag hieß es jedoch Abschied nehmen von Thailand und seinem sympathischen Königspaar. Unter militärischen Ehren wurden wir am Flughafen von Bangkok verabschiedet.

Bhumibol hatte uns als seinen Rettern nicht nur zwei thailändische Diplomatenpässe und eine Handvoll Dollar überlassen, sondern auch einen Charterflug nach Hongkong spendiert. Ich konnte es kaum erwarten, meine geliebte „Sea Fart 3" wieder in die Arme zu schließen.

## Der Kapitän kommt an Bord

Das letzte Mal, dass ich hemmungslos geweint hatte, war beim Abstieg des FC St.Pauli in die dritte Liga. Das war lange her. Nun stand ich im Hafen von Hongkong und heulte wie ein Schlosshund. 3.200,- Dollar Liegegebühren für die paar Tage! Ich hatte noch nicht mal Strom verbraucht. Wucher! Das konnte auch der tolle Blick auf die Skyline nicht wettmachen, den uns der Hafenmeister als geldwerten Vorteil verkaufen wollte. Zumal Hongkong ausschließlich aus Skyline besteht. Diesmal war es Hulapoko, der die rettende Idee hatte. „Thailändisches Geheimdienst. Schiff ist beschlagnahmt." „Ihr seid doch keine Thailänder!", protestierte der Hafenmeister. Unsere Diplomatenpässe verunsicherten ihn allerdings. „Lang Lang ist auch kein Israeli.", konterte ich gewitzt. Der Hongkongchinese gab auf. Während er widerwillig am Steg salutierte, flötete Hulapoko die nicht unbedingt für Panflöte geeignete chinesische Nationalhymne und wir liefen endlich wieder mit unserer stolzen „Sea Fart 3" aus.

# Sousa Chinensis

Der Wind hatte aufgefrischt und trug uns auf das Südchinesische Meer hinaus. Ich hatte die Pinne fest im Griff, während Hulapoko unten laut fluchend klar Schiff machte. Unsere Kajüte war während meiner Abwesenheit von einer Horde chinesischer Wollhandkrabben in Beschlag genommen worden. Weiß der Teufel, wie die Viecher hier rein gekommen waren. „Aaahhh!" Hulapoko war schon wieder gezwickt worden. Dort unten musste ein wilder Kampf im Gange sein. Mehrere Krabben hatten sich bereits im Poncho meines Matrosen verbissen. Ich hörte, wie sich der Indio verzweifelt auf dem Boden wälzte, dass die Chininpanzer nur so knackten, und freute mich schon auf eine herzhafte Krabbensuppe.

Mein Herz schlug euphorisch, als die „Sea Fart 3" die Paracel-Inseln auf steuerbord liegen ließ. Endlich hatte ich mein Schiff wieder. Der Plan bestand darin, Kurs auf die Spratly-Inseln zu nehmen, um mit einem weiteren Schlag nach Brunei Darussalam zu kommen, wo wir eventuell auf die MS „Völkerfreundschaft II" treffen würden. Von dort konnten wir mit Art Schockers Hilfe die Suche nach der *Alten mit dem Kohlebecken* neu organisieren. Schließlich hatten wir den Kreis der Verdächtigen mit Margot Honecker rund Egon Krenz um ein paar Hochkaräter erweitert.

Vor dem Bug hüpfte ein Schwarm Chinesischer Weißdelfine (Sousa chinensis). Das steigerte meine Aufmerksamkeit, da deren Anwesenheit auf eine Wassertiefe von maximal 20 Metern schließen ließ. Außerdem war ich etwas beleidigt, dass die geselligen Tiere so einfach mit uns Schritt halten konnten, da Weiße Delfine allgemein als eher langsame Schwimmer gelten. Verbissen holte ich Vorsegel und Großschot dichter. Ich war wohl nach all der Kreuzfahrerei etwas aus der Übung. Minuten später hatte ich den Schwarm abgehängt. Inzwischen war auch Hulapoko wieder an Deck. Die Krabben hatten ihn fürchterlich zugerichtet und er schimpfte wie ein Rohrspatz. Aber er hatte zwei Dosen Tsingtaobier aus der Backskiste geholt, sodass wir nach vielen Jahren mal wieder ein gemeinsames Bier auf der „Sea Fart" tranken.

Das Südchinesische Meer war unterm Strich langweiliger, als sein exotischer Name vermuten ließ. Tagelang sahen wir nur blaugrüne Wellen. Also ich sah eigentlich nur Wellen, weil ich rot grün blind bin, aber Hulapoko erzählte mir auf Nachfrage, dass die Wellen einen Blauton mit leichtem Stich ins Grüne hatten. Egal. Nicht die Farbe macht die Geschwindigkeit, sondern der Mann an der Pinne. Und das war verdammt noch mal ich.

## Verfahren

Am vierzehnten Tag wurde das Bier knapp. Mein Bart wucherte schon bis auf die Brust und ich konnte keinen Fisch mehr sehen. Beleidigt warf Hulapoko einen stattlichen Bonito – Thunfisch zurück ins Meer. Unsere Stimmung war trotz tropischer Temperaturen auf dem Gefrierpunkt. Wir hätten schon längst in Brunei sein müssen. Von den Spratly – Inseln ganz zu schweigen. Aber die waren so winzig, da konnte man schon mal dran vorbeisegeln.

Plötzlich tauchten am Horizont kleine Pünktchen über dem Wasser auf, die hin und her flitzten. „Sieh nur, Hulapoko!" Mein Kamerad rannte in den Bugkorb. „Köpfe sind!", meldete er aufgeregt. „Wie? Flitzende Köpfe auf dem Wasser? Was soll das denn sein?" Doch nach und nach tauchten unter den Köpfen durchtrainierte Körper, bunte Shorts und dünne Beine auf Brettern auf. Und dahinter eine Insel, die ich aus der Fernsehserie *Hawaii five-o* kannte: Hawaii. Mann, hatten wir uns verfahren!

Leicht irritiert manövrierten wir uns durch Legionen von Surfern in den Hafen von Honolulu. Wir hatten kaum längsseits an einem Katamaran festgemacht, als auch schon der Hafenmeister angerannt kam. „Schnell! Ihr seid die Letzten! Welches Land?" Da wir keine anderen Papiere mehr hatten, zeigten wir unsere thailändischen Diplomatenpässe vor. „Ah! Thailand. Hätte ich mir auch denken können. Schnell! Ich bringe Euch zur Nummernausgabe." „Hä?" Da wir momentan nichts Besseres vorhatten, folgten wir dem aufgeregten Hawaiianer.

## Wir sind Weltmeister! Schon wieder.

Und nun begrüßen wir ganz herzlich mit der Startnummer 14 das thailändische Nationalteam." Tosender Beifall. Ich blickte etwas unsicher auf die fröhliche Menschenmenge, die auf einer Tribüne unter dem riesigen Banner *Welcome to the first Tandem Surfwrestling World Championship!* saß. Ich neigte mich vorsichtig an Hulapokos Ohr. „Was ist denn das schon wieder für eine Scheiße?" „Nix wisse Käp'm. Hauptsache kein Eisbär."

Nein, es war kein Eisbär. Dennoch ließ das erste Duell der soeben mit einem Platzpatronenschuss eröffneten Weltmeisterschaft nichts Gutes erahnen. Von links und rechts kachelten die Nationalteams aus Liechtenstein und Honduras auf Tandemsurfbrettern in offensichtlicher Kollisionsabsicht aufeinander zu. Und tatsächlich! Die Liechtensteiner trafen ihren Gegner hart auf Backbord. Das Tandembrett verlor einen Mast und brach in der Mitte entzwei. Der hintere Honduraner wurde durch die Luft geschleudert und landete auf dem Dach eines Strandimbisses. Das Publikum war begeistert und Liechtenstein eine Runde weiter.

Bevor wir uns aus dem Staub machen konnten, waren wir schon an der Reihe. Höflich aber bestimmt wurden wir auf ein buntes Tandembrett gestellt. Ich hatte sofort eine Windböe im Segel. Wir wurden so hart auf See getrieben, dass Hulapoko der Gabelbaum aus der Hand glitschte und sein Segel ins Wasser fiel. Dabei riss es ihn nach hinten um. Allerdings hingen seine Füße noch in den Schlaufen, sodass ich den ungeschickten und laut zeternden Kerl hinter mir durchs Wasser schleifte. Schon steuerte gnadenlos unser erster Gegner auf uns zu. Das Team aus Tadschikistan sah zum fürchten aus. Dem ersten Angriff konnte ich jedoch geschickt ausweichen, was von lautem Tribünenjubel honoriert wurde. Angriff zwei überstanden die Tadschiken schon nicht mehr. Als sie ungefähr auf gleicher Höhe an uns vorbei gleiten wollten, schnappte sich Hulapoko in seiner Not das Bein des hinteren Surfers. Der wurde brutal aus den Fußschlaufen gerissen und sein Mast knallte dem Vordermann auf den Kopf. Wir hatten unsere erste Surfwrestlingschlacht gewonnen!

Anschließend ging es den Teams aus Slowenien, Spanien, Kenia und Norwegen an den Kragen, bevor wir in einem packenden Finale die Favoriten aus Liechtenstein vernichteten. Immer wieder war es Hulapoko, der eher unfreiwillig die Entscheidung herbeiführte. Unvergesslich blieb vor allem das Duell gegen Norwegen, als der Indio zufällig einen halbwüchsigen Scharfnasenhai zu packen bekam, den er vor Schreck einem der beiden norwegischen Surfer an den Hintern schleuderte.

Ein freundlicher Herr, der sich uns als Neil Abercrombie, seines Zeichens Gouverneur von Hawaii vorstellte, führte dann die Siegerehrung durch. Immer wieder unterbrochen von lauten Thailand! Thailand! - Sprechchören. Wir bekamen zwei hübsche Blumengirlanden um den Hals gehängt und jeder ein fesches Hawaiihemd. Gestiftet vom Hauptsponsor C&A. Außerdem eine Urkunde und einen sehr abstrakten Pokal, der mit Dollarmünzen gefüllt war. Auf der Aftershowparty ließ Herr Abercrombie diverse Runden Budweiser springen. Und da sage noch mal einer, es gibt kein Bier auf Hawaii.

## Wackeln im Sturm

Am nächsten Morgen füllten wir unser Vorräte auf. Vor allem Dauerwürste und Erdnussflips standen neben dem obligatorischen Bier auf dem Einkaufszettel. Aber wir kauften auch landestypische Spezialitäten wie Toastbrot, Kochschinken und Ananas, um uns unterwegs ein paar leckere Toast Hawaii machen zu können. Voll beladen traten wir die Weiterreise an. Der Gouverneur hatte extra eine lokale Hula Hoop Gruppe organisiert, die uns stilsicher an der Hafenmauer verabschiedete. Hulapoko flötete *Somewhere over the Rainbow*. Das war das einzige hawaiianische Lied, das wir kannten. Unsere gestrigen Kontrahenten geleiteten uns noch drei Seemeilen hinaus. Zumindest die, deren Boards wir nicht zerstört hatten. Da sieht man wieder einmal, welche völkerverständigende Funktion auch brutalste Sportarten haben können.

Ich wollte gerade dem Meeresgott ein Trinkopfer übergeben, als ich am Horizont eine dunkle Wand aufziehen sah. „Schnell Hulapoko! Sichere die Flaschen!" Das Unwetter kam plötzlich und mit voller Wucht. Die „Sea Fart 3" lag auf der Seite und ich musste mit ansehen, wie sich meine Pinne aus verstärktem Aluminiumrohr, die ich vor ein paar Jahren anstelle der alten hölzernen eingebaut hatte, vom Ruderdruck durchbog. Ich hatte bis auf den letzten Knopf gerefft. Die Wellen rührten unsere Mageninhalte unbarmherzig durcheinander. Hilflos wurde ich Augenzeuge, wie dem unglücklichen Hulapoko eine schlecht gesicherte Flasche Budweiser an den Kopf flog und zerbarst. Das gute Bier! Schade um die hart erkämpften Dollars. „Feg das Glas weg!" schrie ich in den Taifun. Doch Hulapoko konnte mich nicht hören. Stattdessen fiel der Pechvogel mit dem Hintern in den Scherbenhaufen. Ich hätte schwören können, dass er für einen kurzen Moment das Geheul des Windes übertönte! Für ein paar kritische Augenblicke überließ ich mein Schiff den Gewalten, um Hulapoko am Mast festzubinden. Irgendwo musste er ja bleiben und an sitzen war erstmal nicht zu denken.

Umso größer war mein Entsetzen, als auch noch die Großschot riss und wild hin und her schlug. Dabei peitschte sie gnadenlos den an und für sich zu seinem Schutz gefesselten Gefährten aus. Wie viel Pech konnte ein Mensch haben?

# Klinik unter Palmen

Sechs Tage und Nächte wütete der Sturm. Das Einzige, was wir in dieser kritischen Zeit zu essen bekamen, waren Fetzen, die wir aus vom brodelnden Meer herausgeschleuderten Fischen bissen. Quasi im Vorbeiflug. Wem das jetzt zu eklig ist, der hat sich nie in einer solch extremen Situation befunden. Wir waren schon dankbar, dass wir nicht auf dem Balaton, sondern dem Pazifik vom Unwetter heimgesucht wurden. So hatte der rohe Fisch wegen des Salzwassers wenigstens eine gewisse Grundwürze. Jedenfalls hielten uns die nahrhaften Proteine am Leben.

Am siebenten Tag hatte sich die See wieder beruhigt und nach einer weiteren, diesmal sternenklaren Nacht wussten wir: Es gibt einen achten Tag. Hulapoko lag unter Deck auf dem Bauch und quälte sich einen rohen Toast Hawaii rein. Ich hatte ihn mit einer Flasche Wodka halbwegs ruhig gestellt. Dass beim Sturm das tiefe B seiner Panflöte zerborsten war, hatte ich ihm noch gar nicht gesteckt. Am Horizont konkretisierte sich mein Verdacht, Land in Sicht zu haben. Eine fremde Insel vielleicht. Oder gar ein Kontinent? Ich war gespannt.

Man kann sich vielleicht meine Überraschung vorstellen, als ich nach ein paar Stunden am Strand ein großes weißes Gebäude mit Leuchtschrift auf dem Dach ausmachen konnte: *Klinik unter Palmen.* Obwohl die Klinik eigentlich gar nicht *unter* sondern eher *neben* beziehungsweise *über* Palmen stand, machte sie einen guten Ersteindruck. Ich hatte das beruhigende Gefühl: Hier waren wir richtig. Der Anleger führte direkt in die Notaufnahme. Dort erwartete uns bereits eine Ärztin, die aussah wie Lena Valeitis. Als sie den zerschundenen Hulapoko erblickte, orderte sie sofort eine Trage. „Sie gehören zur Familie?", fragte sie mich. „So ungefähr. Ich bin sein Kapitän." „Bestrafen Sie Ihre Crew immer so hart?" „Bitte?" Die Ärztin musterte mich streng. „Ihr Matrose ist doch eindeutig ausgepeitscht worden. Und das im 21.Jahrhundert. Sie sollten sich schämen!" „Moment mal! So war das aber nicht." Doch schon wurde ich von einer dicken Krankenschwester mit Damenbart resolut ins Wartezimmer gedrängt. Die Trage mit Hulapoko verschwand hinter einer weißen Flügeltür. Ich machte mir bittere Vorwürfe und blätterte lustlos in einer mexikanischen Illustrierten. Das mexikanische Topmodell Elsa Benitez wurde interviewt und berichtete, wie kürzlich auf einem Flughafen ihr Handgepäck verwechselt worden war. Beim Anblick des Fotos, auf dem sie einen altmodischen Herrenschlüpfer und eine Panflöte in die Kamera hielt, musste ich lauthals lachen. In dem Moment steckte die Notärztin ihren Kopf durch die Tür: „Sie sollten sich wirklich schämen! Wir haben gerade die Arschbacken Ihres Matrosen mit 30 Stichen genäht." Peinlich berührt blickte ich auf Elsa Benitez' Panflöte.

## Es hat nicht sollen sein

Die Seiten mit dem Interview hatte ich ausgerissen um Hulapoko etwas aufzuheitern. Er war inzwischen aus der Vollnarkose erwacht und hatte die Ärztin über ihren falschen Eindruck zu meiner Person aufgeklärt. Jetzt schaute sie mich schon viel freundlicher, vielleicht sogar ein wenig verliebt an. Sie ließ uns allein.

Hulapoko lag auf dem Bauch, wobei man das Bett in der Mitte hochgeklappt hatte um seinen Hintern höher zu lagern. Das sah vielleicht bescheuert aus! Er trug ein weißes Nachthemd. Es war das erste Mal, dass ich ihn ohne seinen Poncho sah. Dieser lag gewaschen und gebügelt auf einem Hocker. Vermutlich auch zum ersten Mal.

„Käp'm! Wir leben." „Das ist die Hauptsache, mein Freund." „Heb mal Nachthemd hoch." „Wie bitte?" Das fehlte noch. „Doch! Doch! Machen! Groß Überraschung." Jetzt war ich neugierig geworden. Ich lüftete das Nachthemd und war begeistert. Mein Freund hatte aus der Not eine Tugend gemacht und sich *Sea Fart* auf die Arschbacken sticken lassen. In dem Moment ging die Tür auf und die Ärztin kam wieder rein. Sie sah mich hinter meinem Freund stehen und sein Nachthemd am Hintern hochheben. „Oh. Verstehe. Ich wollte nicht stören. Vielleicht später." „Ähm ... hallo! Nein. Es ist nicht ..." Verdammt nochmal! Hier jagte ja wohl ein Missverständnis das nächste. „Käp'm? Gefällt?" „Toll. Ganz toll Hulapoko." Wir waren also in Mexico gestrandet. Die *Klinik unter Palmen* hieß nicht ohne Grund so. Hier war tatsächlich Anfang 2000 die sechste Staffel der beliebten ARD – Serie mit Hulapokos und meinen guten Bekannten Klaus Jürgen Wussow und Pierre Brice alias Dr.Frank Hofmann und Jean-Claude Valentine gedreht worden. Wer erinnert sich nicht an die wunderbare Folge *Tränen und Tequila* vom 18.Januar 2001? Schade, dass Wussow und Brice, nachdem sie uns getroffen hatten, nie wieder gemeinsam gedreht haben. Doch das kann man in meinem ersten Buch nachlesen.

Zunächst galt es, ein Problem zu lösen. Die Klinik verfügte über keine Gästezimmer und lag zudem recht abgelegen. Kein Hotel weit und breit. Hulapokos Ärztin hatte ihm sechs Tage Bettruhe verordnet. Danach könnten die Fäden gezogen werden und nach weiteren vier Tagen wäre mein Matrose wieder dienstfähig. Kurzerhand entschied ich mich, meine private Krankenversicherung zu schröpfen Schließlich war die teuer genug. Jedes Jahr eine Beitragsanpassung! Ich zitierte Frau Dr.Valaitis zu mir und eröffnete ihr, dass mein Blinddarm dringend rausmüsse. Erstaunlich schnell hatten wir eine Kostenübernahmeerklärung aus Deutschland. Allerdings gleich wieder mit Werbung für eine zusätzliche Unfallversicherung. Energisch schrieb ich quer über den Wisch *Unversicherbar, da Abenteurer* und faxte ihn zurück. Seitdem habe ich keine Angebote mehr bekommen.

Stattdessen lag ich ein paar Stunden später nach einer komplikationslosen OP ohne Blinddarm neben Hulapoko und ließ mir eine Portion Enchiladas mit Tequila schmecken. Besonders stolz war ich darauf, dass mir die OP – Schwester ebenfalls den Schriftzug meines Boots eingestickt hatte. Nur halt auf dem Bauch. Hulapoko und ich verbrachten nach all den Strapazen ein paar erholsame Tage in der Klinik. Allerdings konnten wir Anfang der zweiten Woche dem Lockruf des Meeres nicht mehr widerstehen. Mit dem Hinweis, es bitte ruhig anzugehen, wurden wir entlassen.

Die gute Ärztin hatte sogar die notwendigen Reparaturen an der „Sea Fart 3" organisiert und durch die geschickte Ausschöpfung aller möglichen Ziffern und Faktoren der Gebührenordnung für Ärzte bei meiner Krankenversicherung quersubventioniert. So wurde zum Beispiel die neue Vorschot als OP-Garn mit dem 1,8fachen Satz für labortechnische Leistungen abgerechnet. Lustig fand ich auch, dass sie unter der Gebührenziffer 2802 (Freilegung und/oder Unterbindung eines Blutgefäßes in der Brust- oder Bauchhöhle als selbstständige Leistung) ein neues Chemieklo untergebracht hatte. Allerdings mussten wir dafür auf neue Sitzpolster verzichten, da die GOÄ – Ziffern 2990 und 3135 nicht neben der 2802 abgerechnet werden dürfen. Trotzdem waren wir zufrieden Endlich bekam man mal was für seine Versicherungsbeiträge!

## Auf der Straße nach Süden

Besonders gefiel mir die neue Pinne (Ziffer 321 - Untersuchung von natürlichen Gängen oder Fisteln). Mit der alten wären wir nur noch im Kreis gefahren. Frau Dr.Valaitis – wie ich sie noch immer nannte - versprach, das verbogene Teil an das mexikanische Schifffahrtsmuseum zu schicken, wo ich es fortan der Nachwelt zum Bestaunen stiften wollte. Das neue Steuerelement lag sehr gut in der Hand und führte uns zielsicher nach Süden. Einen kurzen Zwischenstopp in Guatemala nutze ich, um meiner Frau eine Schmuckdose Tchibo Guatemala als Mitbringsel zu kaufen. Hulapoko durchstöberte derweil die lokalen CD-Läden um seine „Sea Fart Dreams" heimlich von den Sonderangeboten auf Platz zwei der Charts umzustapeln. Dran glauben musste Shakira, deren Album in der folgenden Woche auf Platz 49 abschmierte, während mein listiger Freund prompt wieder auf Platz 2 geführt wurde. Der Trick klappte tatsächlich. Gerade in einem so kleinen Land wie Guatemala. In Deutschland würde es natürlich trotz schwindender CD-Umsätze eher verpuffen, wenn Heinz Rudolf Kunze sein schwaches Alterswerk im Mediamarkt Lüneburg mit der neuen Sido vertauschen würde. Allerdings habe ich bei den Kastelruther Spatzen manchmal doch den Verdacht, dass da nicht alles mit rechten Dingen zugeht. Aber die können ja auch gleich mit acht Mann ausschwärmen.

Von Guatemala ging es weiter. Immer an der lateinamerikanischen Küste entlang. An der Ausfahrt des Panamakanals mussten wir geschlagene zwei Tage warten, obwohl die ganzen Schiffe von links kamen. Ich war allerdings etwas unsicher wegen der Vorfahrtsregeln. Irgendwann wurde es uns zu bunt und wir fädelten ein, um überhaupt weiter zu kommen. Also fuhren wir erst mal mit dem Strom. Das kostete uns wertvolle Seemeilen. Wir konnten erst hinter den Galapagosinseln ausscheren und kreuzten im spitzen Winkel Richtung Südamerika. Schließlich wartete noch immer das Geheimnis der *Alten mit dem Kohlebecken* auf seine Entschlüsselung. Und ich hatte da so einen Verdacht.

# Chile

An einem verregneten Tag erreichten wir Pichilemu, eine kleine chilenische Hafenstadt unweit der Hauptstadt Santiago de Chile. Eigentlich wollte ich Santiago direkt ansteuern, aber mein alter Schulatlas überzeugte mich davon, dass die Stadt weit im Landesinneren liegt. Da

musste ich in Geografie wohl gepennt haben.
Hulapoko war in seinem Element, da er sich endlich wieder in seiner Sprache verständigen konnte. Außerdem war ich plötzlich in die Rolle des
Exoten gerutscht, denn irgendwie sahen hier alle
so aus wie Hulapoko. Sogar die Frauen.

Ansonsten machte Chile einen ordentlichen
Eindruck. Kleine Indiokinder mit lustig bunten
Strickmützen schnatterten durcheinander. Zwei
Hausfrauen, die wie die dicken älteren Schwes-
tern von Nschotschi aussahen, stritten auf dem
Markt um eine Lamakeule. Irgendwo schrie ein
Condor.

Wir machten uns auf die Suche nach einer seri-
ösen Autovermietung. Fündig wurden wir bei
*Jesus Maria Castro*. Der Mann gefiel mir sofort.
Anders als seine deutschen Kollegen bei Sixt oder
Europcar verleugnete er nicht seinen Berufsstand
durch alberne Kragenhemden mit Krawatte und
Bundfaltenhose, sondern begrüßte uns in einer
verschmierten Schlosserkombi. Hier konnte man
sicher sein, dass die Autos ständig und sorgfältig
gewartet wurden. Daher achtete ich nicht weiter
auf Äußerlichkeiten, als uns Jesus Maria einen
zerbeulten Wolga präsentierte. Und zwar das
runde Modell aus den frühen 60ern, für das ich
als Kind getötet hätte. Schwarz mit Chrom. Graue
Kunstledersitzbänke. Ich musste mich für einen
Moment sammeln, um nicht vor Freude loszu-
heulen. „So alte Kiste!" Hulapoko, der elende
Ignorant. „Mein lieber Freund und Kupferste-
cher! Vor Dir steht ein unverschämt gut erhalte-
ner GAZ M-21, der Nachfolger des großartigen
GAZ M-20 Pobeda ..." „Ist olles Kiste. Will Mer-

cedes ..." „Du fängst gleich paar!" Ohne weitere Diskussion schob ich den unsensiblen Kerl in das nach Lederfett und Motoröl duftende Innere der Legende. Den Mietvertrag besiegelten Jesus Maria und ich per Handschlag und ein paar Tequila. Der gute Mann räumte uns sogar 50 zusätzliche Freikilometer ein. Mit einem herzerfrischenden Bollern setzte sich unsere Limousine in Bewegung.

## Santiago de Chile

Da unser Oldtimer kein Radio hat, bemühte sich Hulapoko seit einigen Stunden, mit seiner Panflöte den brüllend lauten Motor zu übertönen. Wo hatte der Kerl nur *Die Kleine Kneipe* aufgeschnappt? Davor dreimal hintereinander die peruanische Nationalhymne. Angeblich, um meine Sinne für deren Schönheit zu sensibilisieren. Ich glaubte eher, meinem Assistenten ging so langsam aber sicher das Repertoire aus. Höchste Zeit, Santiago de Chile zu erreichen. Allerdings gestaltete sich dieses Vorhaben recht schwierig. Denn natürlich hatten wir nicht nur kein Radio, sondern auch kein Navi an Bord und irgendwie beschlich mich das Gefühl, dass die Sonne in Chile völlig anders am Himmel stand. Wanderte die hier gar von Norden nach Osten? Ich verfluchte insgeheim mein früheres Desinteresse an Geographie. Das kam nur, weil ich mich als Schüler in der DDR geweigert hatte, mir Orte zu merken, an die ich entweder nie fahren durfte, oder die ich gar keinen Bock hatte, jemals zu besuchen. Letzteres traf für die traurige Landschaft hier im chilenischen Nirgendwo ohne Abstriche zu. Ich konnte schon keine Boldosträucher und Scheinbuchen mehr sehen. Und die Straßen waren die reinste Frechheit. Kein Wunder, dass wir in den vergangenen Stunden außer 2 rostigen LKWs, einem Eselskarren, einem Schulbus, zwei Panzern und einer offensichtlich alkoholisierten Anhalterin, die darüber hinaus in die entgegen gesetzte Richtung wollte, keine weiteren Verkehrsteilnehmer registrieren konnten. Biker schien es hier überhaupt nicht zu geben. Dann endlich, nach gefühlten 800 Kilometern, erblickten wir ein kaum lesbares Ortsschild: Santiago de Chile.

Das war sehr seltsam. Normalerweise beginnen Städte, insbesondere Hauptstädte, mit Vororten. Santiago de Chile dagegen war nach einer langgezogenen Linkskurve plötzlich einfach da. Zumindest von der Seite, von der wir gekommen waren. Wikipedia behauptet ja was ganz anderes. Aber die waren vermutlich selbst nie dagewesen. Wir parkten unser Auto am Straßenrand vor einem Cafe. Das war problemlos möglich, da sich das chilenische Verständnis von der Größe einer Parklücke komplett vom deutschen unterschied. Entweder parkten Chilenen noch schlechter ein, als meine Frau, oder es war scheißegal, weil es hier viel weniger Autos als bei uns gibt.

Natürlich wollten Hulapoko im Cafe keinen Kaffee trinken, sondern erst mal unsere von der staubigen Piste ausgedörrten Kehlen mit ein paar Dosen Escudo auf Vordermann bringen. Es wurden sogar einige mehr, da der verspielte Gastwirt die Dosen zu einer dekorativen Pyramide im Schaufenster aufgetürmt hatte, von der Hulapoko ausgerechnet eine von rechts unten haben wollte. Das Konstrukt stürzte komplett ein und wir mussten alle zerbeulten Dosen kaufen. Das ließ ich mir aber quittieren, um es später in Deutschland bei meiner Privathaftpflichtversicherung einreichen zu können.

## Pedro Nerudas Rumpelkammer

Ziemlich blau verließen wir zwei Stunden später den Laden. Dornengestrüppkugeln wurden über die Straße geweht und irgendwer flötete auf einer tiefer gestimmten Panflöte als Hulapoko seiner das *Lied vom Tod*. Plötzlich blieb ich wie vom Donner gerührt vor einem schmutzigen Schaufenster stehen. *Pedro Neruda An – und Verkauf* klebte in schiefen Buchstaben auf dem halb erblindeten Glas. Neben einem gebrauchten Toaster, einer Steinzeugbüste von Karl Marx, einer großen schweren Holzkiste, mehreren Stapeln mit Jahrgängen des *Neuen Deutschland* und anderen Ost-Devotionalien stand im goldenen Rahmen: *Die Alte mit dem Kohlebecken*! Für 209.440,- chilenische Pesos. Das waren umgerechnet lumpige 340,- Euro!
Ich zerrte Hulapoko in den Laden. Ein grausam verstimmter Türgong winselte den Ladeninhaber herbei. „Herr Neruda?" „Pedro Neruda. Ich bin der Großneffe des beliebten Dichters ..." „Günter Grass?" „Wie? Bitte?" Ich hatte meinen Sinn für Humor wieder erlangt. Jetzt, wo wir offenbar am

Ziel waren. „Ein kleiner Witz, Herr Neruda. Entschuldigung. Natürlich kenne ich Ihren werten Herrn Großonkel. Nicht persönlich, versteht sich. Aber wenn Sie meine Bücher gelesen haben, wissen Sie sicher, dass ich in den frühen achtziger Jahren mit einer gekonnten Interpretation der *Ode an das Kind mit dem Hasen* auf dem Fest der deutschen Sprache in Nordhausen zu überzeugen wusste. Pedro Neruda unterbrach mich grob: „Was erzählen Sie da für einen Scheiß, Mann? Wollen Sie was kaufen?" Was für ein ungehobelter Kerl. Ich beschloss, andere Saiten aufzuziehen. „Also gut. woher haben Sie *Die Alte mit dem Kohlebecken*?" „Das geht Sie einen kleinen Haufen Lamakacke an. Ich ..." Jetzt war das Fass übergelaufen. Mit einem gezielten Schlag meiner Kapitänsfaust streckte ich den garstigen Dichtergroßneffen zu Boden. Hulapoko und ich fesselten den Kerl mit seinem eigenen Gürtel an einem Resopalstuhl. Dann zogen wir unsere bewährte Nummer *Guter Captain, böser Matrose* ab. „Los Hulapoko! The Hoff!" Und mein grausamer Gefährte flötete *Looking for Freedom*. In Endlosschleife. So harte Bandagen hatten wir noch nicht mal bei der Jacobsister angelegt. „Hilfeeee! Bitte! Ich sage alles. Ich ..." In diesem Moment sah ich, wie ein Schatten hinter Hulapoko auftauchte. Dann bekam ich einen Schlag auf den Hinterkopf.

**Andreas Puchebuhr**
# Der tungusische Meteor

Eine Geschichte in der Geschichte in fünf
geheimnisvollen Sequenzen und einer
noch geheimnisvolleren Sequenz.

Für Karen

# Geheimnisvolle Sequenz I

Angara. Sibirien. Wie zum Henker war ich hierhergekommen? Und warum ausgerechnet Angara? War das nur ein Schreibfehler und ich sollte eigentlich in Ankara sein? Und wo war plötzlich Chile? Ich wühlte in den hintersten Kisten meines schmerzenden Gehirns. Angara ... da war doch was. Hulapoko flötete ohne erkennbaren Anlass die Titelmelodie von Raumschiff Orion. Da fiel der Vorhang. Der tungusische Meteor! 1910. Willenlos richteten sich die Härchen auf meinen Unterarmen auf. Wo waren wir denn nun gelandet? Ich starrte auf meine Hände, die das Lenkrad unseres Wolga so fest umklammert hielten, dass die Knöchelchen weiß hervortraten. Ich verlangsamte meine Fahrt. Schade, dass Hulapoko mit seinem bunten Poncho die nahezu perfekte Gruselfilmatmosphäre kaputt machte. Es war kein Vogel zu hören. Zwischen der erschreckenden Vegetation waberte die Art von Nebel, die auch ein Black Metal Konzert zum Erlebnis machen würde. Und irgendwie roch es förmlich extraterrestrisch. Das hier war ganz klar NICHT die Art von Horror, bei der sich der Schlitzer am Ende als frustrierter Sitzenbleiber aus der Nachbarschaft entpuppte. Hier waren Mächte am Werk, denen der Normalsterbliche in der Regel völlig hilflos gegenüberstand. Wohlgemerkt – der Normalsterbliche. Ich aber war der große Art Schocker - Internationale Ermittlungen, Wirtschaftsdetektei und kriminaltechnische Lösungen, Bahnhofstraße 1, 99734 Nordhausen. Termine nur nach Vereinbarung. Moment mal! Ich war ...? „Muss kacken." „Bitte?" „Musse groß halte." Genau das sind die Szenen, bei denen ich vor der Glotze immer denke: „So blöd kann doch keiner sein." Aber vermutlich hat der Zuschauer einen Wissensvorsprung wegen der dramatischen Filmmusik. Hier und jetzt herrschte jedoch die nur von meinem nörgelnden Indio durchbrochene Stille. Ich fuhr rechts ran. Während Hulapoko sich ins Unterholz schlug, beobachtete ich den Himmel. Viel zu schnell für meinen Geschmack ging die Sonne unter. Innerlich stellte ich mich auf eine lange Nachtfahrt ein, denn ich hatte keinen Bock, irgendwo hier in dieser gruseligen Einöde zu nächtigen. „Cheffe! Los Alarmos! Aarrrrghhhh ......" Ich sprang wie von der Tarantel gestochen aus dem Wagen. Da es seinerzeit noch keine Zentralverriegelung gab, musste ich erst umständlich die Türen des Wolga abschließen. Das fehlte mir noch, dass mir hier draußen der Wagen geklaut wurde! Ich kämpfte mich durchs Unterholz. Doch wo eben noch mein indianischer Gefährte geschrien hatte, dampfte nur noch ein dunkelbraunes Häufchen. Noch nicht mal Fliegen gab es hier. „Hulapoko? HulaPOKO!" Weg war er. Ich suchte den Tatort ab. Vor allem nach Fasern, Haaren oder entwichenen Körperflüssigkeiten. Zum Beispiel Blut oder Angstharn. Die langsam einsetzende Dunkelheit machte meine Suche nicht einfacher.

Nach ungefähr dreißigminütigem Fährten lesen, das mich immer tiefer in den Wald geführt hatte, erblickte ich zwischen den Bäumen ein paar Lichtpünktchen. Unwillkürlich musste ich an Hänsel und Gretel denken. Oder an das Wirtshaus im Spessart. In der Filmversion mit Liselotte Pulver, in die ich in der ersten Klasse mal verknallt war. Allerdings ohne zu wissen, wie alt die damals schon war. Marika Rökk fand ich auch rattenscharf. Aber die war ja noch älter als die Pulver. „Wir machen Musik, da fliegt Euch der Hut weg.", summte ich leise vor mich hin, um der unheimlichen Situation etwas entgegenzusetzen. Da mir der Text ab der dritten Zeile jedoch entfallen ist, wechsle ich übergangslos zu „Schenk mir einen bunten Luftballon, nimm ihn fest in Deine Haaaand ..." Da röchelte es hinter mir: „Stlldrvrrrr rflgttttmtttdrrrdvnnn nnnn sssstlllsss mrchnlnnnnd!" Mit standen die Haare zu Berge. Dann kippe ich nach hinten um.

## Geheimnisvolle Sequenz II

Ich erwachte in einem hölzernen Ehebett. Nadelholz, aber keine Kiefer. Die Bettwäsche war sehr fluffig und duftete nach Frühlingswiese. Über mir hing an der Decke eine von diesen hässlichen Lampen mit gehäkeltem Schirm und Fransen dran. In dunkelbraun. Neben mir schnarchte jemand. Hulapoko! Auch er roch nach Frühlingswiese. Irgendjemand musste ihn gewaschen haben. Der hatte offensichtlich Sinn für Humor, denn mein peruanischer Freund trug pinkfarbenes Hannah Montana Shirt. Von seinem Poncho weit und breit keine Spur. Mann, wenn der wach geworden wäre. Das hätte ein Gezeter gegeben. Aber wo waren wir überhaupt? Ich glitt aus dem

Bett und bemerkte, dass man mich ebenfalls umgezogen hatte. Alarmiert fasste ich an meinen Hintern. Gott sei dank! Unversehrt. Die Täter hatten mich in eine original Enterprise – Uniform gesteckt. Mit Communicator. Der machte sogar das typische „bi – bipp" als ich draufdrückte. Kaum hatte ich das getan, öffnet sich die Tür.

Während Hulapoko weiter vor sich hinschnarchte, starrte ich zwei Zivilisten an, die wiederum mich anstarrten. Es handelte sich wohl um Vater und Sohn. Der Vater hatte einen grauen Bart, Halbglatze und leichten Bauchansatz. Der Sohn hatte trotz seiner zirka 30 Lenze ebenfalls eine Halbglatze, jedoch keinen Bart. Dafür aber auch schon einen Bauchansatz. Wenn auch weniger ausgeprägt als der Vater. Der trugt ein Nazareth – T-Shirt in die Cordhose gesteckt und darüber Hosenträger mit Gummizug, auf die bunte E-Gitarren gedruckt waren. Dazu Gesundheitslatschen. Das sah reichlich bescheuert aus, war aber nichts im Vergleich zu seinem Sprössling, der in einen Stars & Stripes Jogginganzug mit Michael-Jackson Print geschlüpft war. Mein lieber Herr Gesangsverein! Der Vater machte eine bittende Geste in meine Richtung: „Chlffnn ... ssnnss ... " Kaum hatte er das ausgesprochen zerriss eine Maschinengewehrsalve die Stille. Ich hechtete hinter das Bett und zog den aufwachenden Hulapoko mit in Deckung. „Meine Poncho .... wo sein ..." „Still ... jetzt nicht! Gefahr!" Links, rechts und über uns schlugen die Geschosse ein. Der gehäkelte Lampenschirm schien nur noch aus Luftmaschen zu bestehen. Der ganze Raum war voller Bettfedern, in denen wir bis eben den wenn auch unfreiwilligen Schlaf der Gerechten geschlafen hatten. Ich kam mir vor, wie im dichtesten Schneegestöber. Das brachte mich auf die rettende Idee: Wenn wir vor lauter Bettfedern nichts sehen können, kann man uns vermutlich auch nicht sehen. Selbst mit modernster Technik nicht. Zumindest hatte ich noch nie etwas von einem Bettfedersichtgerät gehört. Ich nahm mir vor, irgendwann auch dafür ein Patent anzumelden. Man könnte zum Beispiel Hühner .... aber nicht jetzt. Schließlich befanden wir uns in Lebensgefahr. „Los Hulapoko. Hechtsprung!" Ich zerrte den widerspenstigen Kameraden in die Richtung, wo ich das Fenster vermutete, und sprang ab. „Aua!" „Narrrggghhh! Merde!" Das gab eine dicke Beule. Wir waren voll mit den Köpfen vor die Wand geknallt. Ich hatte mich verschätzt. Aber das Geräusch von splitterndem Fensterglas – und zwar schoss jemand von draußen nach drinnen – gab mir die Gewissheit, dass ich uns mit meiner kleinen Fehlberechnung das Leben gerettet hatte. Dennoch schwante mir Böses. Wir waren  umstellt. In Momenten wie diesem trennte sich der gemeine Schnüffler vom Superdetektiv. „Hulapoko, mir nach." „Will nicht noch mal ..." „Schnauze. Mir nach." „Meine Poncho ..." „Du fängst gleich ein paar." Ich kroch  auf allen Vieren vorwärts und hatte wie immer richtig vermutet. Vor uns lagen die dahingemetzelten Überreste von Vater und Sohn. Mein Plan nahm Gestalt an.

„Spring Hulapoko!" Zwei Gestalten flogen durch das zerborstene Fenster nach draußen. Das Maschinengewehr  ratterte. Weitere Angreifer stürzten aus dem Haus. Darauf hatte ich gewartet. Ehe die geheimnisvollen Fremden realisierten, wen sie da zum zweiten Mal durchsiebt hatten, nutzten Hulapoko und ich den allgemeinen Tumult und schlichen aus dem Raum. Auf der gegenüberliegenden Seite des Flurs war eine weitere Zimmertür. Zum Glück unverschlossen. Das Zimmer stand voller Vitrinen mit Kegelpokalen. Kegeln in Russland? Ich war leicht irritiert. An der Wand hing eine deutsche Schautafel, die ich noch aus der Schule kannte: „Nacktsamer und Nachtschattengewächse". Über einen schlichten Resopalstuhl war nachlässig Hulapokos Poncho geworfen. „Halleluja!" Von meinen Klamotten war weit und breit nichts zu sehen. Dann lief ich halt weiter als Cpt.Kirk rum. Hauptsache erst mal weg hier. Zum Glück hatte dieses Zimmer ebenfalls ein Fenster. Und zwar nach hinten raus. Vorsichtig linste ich durch die trübe Scheibe. Hier schien die Luft rein zu sein. Während ich mich an dem verklemmten Fenster zu schaffen machte, klaute Hulapoko einen der schönsten Kegelpokale. Bevor ich schimpfen konnte, schlug eine Kugel neben mir ein. Aus dem Augenwinkel sah ich, wie ein uniformierter Greis mit der Pistole im Anschlag in unser Zimmer stürmen wollte. Doch er kam nicht weit. Im Stil eines Stephan Kretzschmar schleuderte Hulapoko dem Eindringling seinen soeben erbeuteten Pokal vor den Kopf. „Gut Holz!" rief ich und sprang mit meinem kühnen Gefährten nach draußen. Wir rannten tief in den dichten Birkenwald, ohne dass uns jemand verfolgte.

# Geheimnisvolle Sequenz III

Was zur Hölle ist das?" Fast wären wir in einen riesigen Krater gestürzt. Unsere Lungen pfiffen. Gute 40 Minuten waren wir durch den Wald gehetzt. Dabei hatte sich meine Cpt.Kirk-Uniform als sehr nützlich erwiesen, denn aufgrund ihres körperbetonten Schnitts musste ich kaum mit Luftwiderstand kämpfen. Anders Hulapoko, der ja unbedingt seinen Poncho mitschleppen musste und damit an jedem Ast hängen blieb. Nun aber starrten wir auf eine Art Monstertrabbi, dessen Heck ziemlich lädiert halb aus dem Krater ragte. Gute 300 Meter hoch. Angestrahlt wurde dieses surrealistische Stillleben von einem der fettesten Vollmonde, den ich jemals gesehen hatte. „Das, meine Herren, ist der sogenannte Tungusische Meteor. Beziehungsweise, das was von ihm übrig blieb. Hchrrzzzz ... Mein Name ist übrigens Gdick." „Cheffe ????" „Wie bitte? Was? Wer und wo sind Sie? Und ..." „Hier unten!"

Total verdattert erblickten wir unterhalb des Kraterrandes einen ungefähr 80 cm großen grünen Zwerg. Er hatte zottelige rote Haare, was für mich besonders unangenehm war. Ich bin nämlich rot/grün – schwach und wenn ich beide Farben unmittelbar nebeneinander sehe, flimmert die Übergangsstelle so diffus, dass es in den Augen weh tut. Außerdem trug der grüne Zwerg ein schlabberig schmutziges T-Shirt mit dem Aufdruck Turbo-Rock-Pub Cran Canaria und eine viel zu große Tarnhose. Vermutlich eine Kindergröße. „Sie sprechen deutsch?" Mir fiel in meiner Verblüffung zunächst keine bessere Frage ein.

„Ich beantworte nur qualifizierte Fragen!", blaffte das grüne Männchen zurück. „Wie war doch gleich Ihr Name?" „Gdick!" „Gdick ist doch kein ..." „Untersteh Dich! Das ist voll der coole Name! Vor allem ohne Vokale. Check das! Ich glaube, Dein Kumpel muss mal." Richtig. Hulapoko trat nervös von einem Bein auf das andere. „Will nich alleine. Angst habe. Cheffe! Was ist böses Alien?" „Böses Alien? Ich bin ein Erzengel. Und jetzt verzieh Dich hinter den nächsten Baum, Du Memme. Ich werde Deinen Chef schon nicht fressen." Und so stand ich mit dem grünen Erzengel Gdick vor einem imposanten Trabiwrack, das angeblich der tungusische Meteor war, während es hinter einer Birke leise plätscherte. Wenn das mal keine abgefahrene Situation war.

## Geheimnisvolle Sequenz IV

Wir waren insgesamt 18 Erzengel. Ich, Horst Beimer ..." „Der Zwerg aus Harry Jeskes Zeugenaussage! Dann stimmt ..." „Zwerg?! Ich knall Dir gleich ein paar. Horst ist 4 Zentimeter größer als ich. Außerdem wünsche ich nicht unterbrochen zu werden. Also ich, Horst Beimer, Elvis Presley ..." „Elvis? Der King? Aber der war doch gar kein Zwerg ..." Klatsch! Gdick hatte mir voll eine geknallt. Wie war der nur so hoch gekommen? Hulapoko wollte dazwischen, doch er wurde von einem paralysierenden Blitzgewitter aus Gdicks rechtem Mittelfinger vorübergehend gelähmt. Das hatte ich so ähnlich in Star Wars bei Darth Sidious schon mal gesehen. „Bist Du ein Jedi?" „Jetzt haltet doch endlich mal die Fresse! Man kann ja nix erzählen hier. Menschenskinder!" Hulapoko entkrampfte allmählich wieder. „Santissima Trinidad i pueblo ... Cheffe?" Ich winkte ab und signalisierte Gdick durch aussagekräftige Gesten, dass wir ab sofort besser zuhören sollten. „Ich, Horst Beimer, Elvis Presley ... ja, Elvis war einer von uns. Völliger Unfug, dass Erzengel alle gleich aussehen und Flügel haben müssen. Erzengel können auch Frauen sein. Katrin Krabbe zum Beispiel. Das mit dem Doping war nur erfunden, weil wir sonst aufgeflogen wären. Die gute Katrin hatte eher Probleme, sich bei internationalen Wettkämpfen zu bremsen. Aber egal. Und kommt mir jetzt bloß nicht mit Eurem bescheuerten Gleichbehandlungsgesetz. Von wegen, dann müsste es Erzengelinnen und Erzengel heißen. Schwachsinn. Elvis war der Dümmste von uns. Wir haben ihn dauernd gewarnt: Friss nicht diese eklige Erdnussbutter. Lass die Finger von den Pillen. Tritt nicht in Las Vegas auf. Und so weiter. Aber der feine Herr ... neee. Seitdem sind wir nur noch 17. 1910 hatten wir mit diesem Montagsmodell ... " Gdick zeigt auf den Riesentrabbi hinter sich. „... eines 501 S de Luxe eine Panne. Wir waren eigentlich nur auf Kontrollflug. Dann hat's uns den Vergaser zerrissen. Seitdem hängen wir auf diesem Scheißplaneten fest." „Also wart Ihr der tungusische ... " „Jetzt sag nicht Meteor. Das ist eindeutig KEIN Meteor! Das ist das miserabelste FO, in dem ich je gesessen habe." „FO?" „Na Flugobjekt, Du Gehirn. Ich kenne dieses Vehikel in und auswendig. Deshalb ist für mich eben

KEIN UFO." Das klang logisch. Neben mir kniff sich Hulapoko unauffällig – wie er vermutete – in den Hintern. Gdick sagte nichts mehr. Ich hatte aber noch Fragen. „Wer will uns erschießen?" „Das weiß ich doch nicht. Habt Ihr Schulden?" „Äh ... natürlich nicht. Ich bin Art Schocker und Inhaber und Geschäftsführer einer florierenden Wirtschafts- und Privatdetektei. Sie können auch gern meinen Onlineshop unter www. detective ..." „Hallelujah. Kann ich wohl. Mach ich aber nicht. Ich hab genug damit zu tun, Eure diebische Rasse davon abzuhalten, hier alles was nicht niet- und nagelfest ist, weg zu klauen. Das ganze Bordlabor ist schon geplündert. Los, lasst uns was trinken."

## Geheimnisvolle Sequenz V

Nicht nur Gdick selbst, sondern auch sein Durst war extraterrestrisch. Wir saßen in den Resten seines einst so stolzen Raumschiffs und tranken einen selbst für meinen Geschmack viel zu scharfen Schnaps. Gdicks Kabine war geschmacksresistent mit einer Cordsitzecke, einer Anrichte aus Eiche rustikal, einem ebenfalls eichenem Tisch mit braun/rot gepunkteter Keramikfliesenplatte und einem schwarzgoldenem Metallbett eingerichtet. An der Wand klebte eine mit Rhomben aus Efeuranken verzierte Gruseltapete. Über dem Bett hing ein Foto, auf dem Gdick, Katrin Krabbe und Florian Silbereisen – der also auch! - in einer Wüstenlandschaft posierten. Dabei machte Florian Silbereisen Katrin

Krabbe Hasenöhrchen. Der Scherzkeks. Im Hintergrund leuchtete überdimensional der Saturn.

Gdick entkorkte die zweite Schnapsflasche. Der Erzengel wurde zusehends redseliger: „Wie findet Ihr meine Eigenkreation? Ich habe sie Space-Fetz getauft." „Nlfffnnn … ssss … rrggghhh!" Was war denn jetzt los? Ich hatte schlagartig akute Sprechstörungen. Eigentlich wollte ich Gdick so was ähnliches wie „Das Zeug ist die letzte Scheiße, die ich jemals getrunken habe. Außerdem lähmt sie das Sprachzentrum." sagen. Aber mit fehlten … Verdammt! Mir fehlten die Vokale!!!! „Llllrrrrmmmm … Hlllpkkkk! Hlllpkkkkk! Vrrdmttt Schss!" Dabei rüttelte ich wie wild an meinem indianischen Assistenten. Der glotzte mich sinnentleert an. „Was los Cheffe?" Ich glaube, ich spinne! Warum konnte der sprechen und ich nicht? Auch Gdick war verblüfft. „Respekt mein Lieber! Das nenne ich mal Nehmerqualitäten. Normal schießt Dir Space-Fetz voll das Alphabet aus der Rübe. Aber keine Sorge, das gibt sich wieder. Wie ein irdischer Kater, würde ich mal sagen." „Cheffe?!" „Hrrrssswssss brrfllll!" Ich schrie fast. Gdick hat nicht ganz recht. Mein Gehirn kannte sehr wohl noch alle Vokale. Ich dachte komplette Sätze, laberte aber nur Mist. Das war nicht gut und schadete unserer Konversation. Das wiederum machte mich dermaßen unleidlich, dass ich Gdick an den Kragen wolte. Kaum aufgesprungen, traf mich ein Laserblitz aus dem linken Mittelfinger des Erzengels.

# Noch geheimnisvollere Sequenz

Neben mir saß Rainer Werner Fassbinder. Er hatte den linken Arm recht vertraulich um meine Schulter gelegt. Aber das war nicht das eigentlich Bemerkenswerte. Sondern Rainer Werner Fassbinder hatte frisch gewaschene Haare, war rasiert und trug zu meinem Entsetzen ein knallbuntes Ed Hardy Shirt. Total fies mit viel Gold und Glitzersteinchen und einer Art Drachen auf dem Bauch. Fassbinder hielt mir mit seiner anderen Hand ein Foto vor die Nase: Art Garfunkel als Frontmann von Slayer. Neben ihm ein ziemlich verwackelter Kerry King. Von Jeff Hannemann war nur ein Bein zu sehen. Dafür war Dave Lombardo sehr gut getroffen. Tom Araya fehlte völlig. Das war aber auch logisch, weil ja Art Garfunkel an seine Stelle getreten war. Das hätte ich nicht gedacht. Rainer Werner Fassbinder sprach mit der Stimme vom Carmen Nebel: „Es sind nicht die Drogen. Sondern WER macht WAS mit WEM? Der Schlüssel liegt im Ministerium für Bildung. Denk ..." „Heeee ... Iiiiihhhhh ..... Ihr Schweine!"

# Ende (I)

# Weiter im Text

Pedro Neruda hatte mir einen Eimer Wasser ins Gesicht geschüttet. Am Boden lag Hulapoko. Geknebelt und gefesselt. Ich war wieder ich und schüttelte den Kopf. Was war das denn eben für ein surrealer Traum? Ich. Art Schocker. Zwerge als Erzengel und der tungusische Meteor. Das war ja fast schon so bescheuert wie die Drehbücher vom Bremer Tatort. Total an den Haaren herbeigezogen! Außerdem missfallen mir da immer die allzu klischeehaft gezeichneten Charaktere. Taffe, alleinerziehende Kommissarin überbetont politisch unkorrekte Ansichten, was den eher biederen Jungbullen aus seiner antrainierten Coolness lockt und Fingernägel kauen lässt. Also das mit den Fingernägeln bleibt bei der ARD außen vor, aber es WÜRDE so sein, wenn man konsequent draufhalten würde. Ohne dass ich dem mir namentlich unbekannten Schauspieler eine Verschmelzung von Person und Rolle unterstellen wollte. Aber eigentlich schon. Ich glaube, der ist wirklich so.

Hulapoko wurde wach und versuchte sich grunzend zu befreien. Ich war ebenfalls gefesselt. Das warf naheliegende Fragen auf. „Herr Neruda! Was soll das? Und wie kommen Sie an *Die Alte mit Kohlebecken*?" „Durch mich, verehrter Jugendfreund! Man sieht sich immer zweimal. Seid bereit!" „Immer bereit! Scheisse. Quatsch ... Genossin Honecker?" Entgeistert starrte ich auf meine greise Ex-Volksbildungsministerin, die wieder einmal unsere Wege kreuzte. Seit dem Verhör der Jacobsister und meinem anschließenden Schamanentrick hatte ich bereits so einen vagen Verdacht gehabt. ‚Das waren die Honecker und der Krenz.' Richtig! Wir waren die ganze Zeit verdammt nah dran. „Marregotte?" Hulapoko hatte vor Überraschung seinen Knebel ausgehustet und eine knallrote Birne. Da war ja mal was. Der treue Leser erinnert sich wohl ähnlich angewidert wie ich an unser Abenteuer auf Kuba, das ich in *Ich und Hulapoko erobern die Welt* für die Nachwelt festgehalten habe. „Ah! Genosse Hulapoko. Da seid ihr zwei Trottel ja wieder in was reingesegelt. Was soll ich nur mit Euch beiden machen?" „Ihr müsst sie nach Bautzen schicken, Genossin Staatsratsvorsitzende." „Bautzen ist in den Händen der Bourgeoisie. Und Du back erst mal ganz kleine Brötchen, Du alte Wessipetze!" Die derart harsch Zurechtgewiesene war keine andere als unsere flüchtige Jacobsister. „Sie können ja wieder richtig sprechen." Margot Honecker erklärte uns, dass Vokal-Ex eine von der Staatsicherheit entwickelte Droge für Geheimagenten sei, die dem Menschen quasi die Vokale wegfrisst. Das ist vor allem wichtig, wenn ein Agent unter Folter zu singen droht. So wie Schwester Jacob. Den Grundstoff für das Serum hatte der KGB übrigens im Krater des tungusischen Meteors gefunden! Allerdings wirkte Vokal-Ex nur 48 Stunden. Deswegen musste uns die schon seit den 70ern im Dienst der Stasi stehende Jacob schnell unschädlich machen, bevor wir noch am nächsten Tag David Hasselhoff aufgefahren hätten. Plötzlich splitterte eine Fensterscheibe und ein adrett gekleideter Mann flog filmreif in den Raum, rollte ab und hielt Margot

Honecker einen mit Swarovskisteinen besetzten Revolver unter die Nase. „Hände hoch! Mein Name ist Art Schocker, Internationale Ermittlungen, Wirtschaftsdetektei und kriminaltechnische Lösungen, Bahnhofstraße 1, 99734 Nordhausen, Termine nur nach Vereinbarung. Margot Honecker! Ich verhafte Sie im Namen der Gemäldegalerie Alte Meister Dresden."

Aus dem Handgelenk warf Schocker ein kleines Taschenmesser in meine Richtung. „Hier. Macht Euch los. Ich halte die Honecker, die Jacob und den Neruda in Schach." Blöderweise war das Messer zugeklappt und meine Fingernägel zu kurz. Jedes Mal  der gleiche Mist! „Art! Ich krieg das blöde Messer ..." „Oh Mann. Muss ich denn alles selber machen?" Das fand ich jetzt etwas ungerecht, denn schließlich hatten Hulapoko und ich *Die Alte mit dem Kohlebecken* als Erste gefunden.  Art Schocker wollte mich gerade losbinden, da schleuderte Pedro Neruda blitzschnell eine bronzene Friedrich Engels Büste an Schockers Schläfe. Der brach sofort zusammen und lag kurz darauf gefesselt neben uns. Margot Honecker schüttelte den Kopf. „Da ist ja einer blöder als der andere. Wofür haben Erich und ich bloß das ganze schöne Geld in die Volksbildung gesteckt? Stattdessen werde ich – die Witwe des großen Staats – und Parteichefs, die Ministerin für Volksbildung und Freundin der Jugend – mit unverschämten 1.500, - Euro Rente abgespeist! Man sollte dieses bourgeoise Pack, diese faulenden, parasitären und undankbaren Verbrecher mit der eisernen Faust der Streitkräfte der Nationalen Volksarmee und der Armeen der sozialistischen Bruderstaaten bis nach Frankreich zurückprügeln!" Die Honecker geiferte sich in Rage. „Allein das Auslandsabo *Neues Deutschland* kostet mich 40 Euro im Monat! Und dann ein paar lausige Halberstädter Bockwürste, eine halbe Kiste Radeberger, Bautzener Senf, Hallorenkugeln. Wer soll das denn von den paar Kröten bezahlen? Na?! Na?! Unverschämt! So geht man nicht mit den Kadern der Gesellschaft um. SO NICHT! Also besorgt mir der Krenz hin und wieder ein paar Sachen zum Verscherbeln. Alles legal. Alles Volkseigentum. Auch ICH bin das Volk, Genossen!" Ich war erschüttert. „Frau Honecker, ich bitte Sie. Das ist Kunstdiebstahl! Das war sogar in der Zone strafbar." „Zone? ZONE!? Wir sprechen noch immer von der Deutschen Demokratischen Republik! Dem ersten Arbeiter – und Bauernstaat auf deutschem Boden. Dem ersten ..." Meine alte Chefin kam nicht weiter, denn eine Blendgranate flog durch das ohnehin schon demolierte Fenster.

## Rettung

Flau Honeckel geben Sie auf!" Was für ein turbulenter Tag voller Überraschungen! Mit einem kleinen, aber vermutlich effektiven Sturmfeuergewehr im Anschlag kniete Lang Lang im Raum. Was um alles in der Welt hatte der Mossad hier zu suchen? „Lücken Sie die Bundeslade laus. Gemeine Diebin!" Die Bundeslade? Das war harter Tobak. Margot Honecker und ihre Spießgesellen schreckten auch vor nichts zurück. Hätte nur noch gefehlt, dass die Gebeine des heiligen Petrus im Pedro Nerudas versifftem Schaufenster lagen. Neruda hatte auch als Erster die Fassung wiedererlangt. „Die olle Kiste können Sie mitnehmen. Die ist hier voll der Ladenhüter. Sie könnten mir dafür einen Spitzweg besorgen." „Volsicht Bülschchen." Die Ladenglocke läutete und ein sehr alter Mann trat ein. „Entschuldigung. Ich möchte nicht stören, aber ich interessiere mich für den Haufen Knochen im Schaufenster." Bitte nicht! Pedro Neruda war sofort geschäftstüchtig. „Das ist der heilige Petrus. Der kostet umgerechnet 240,- US-Dollar. Wir nehmen aber auch russische Goldrubel, Wechselkurs 1:3. Oder haben Sie einen Spitzweg?" „Kann ich auch mit Mastercard bezahlen?" „Selbstverständlich." Und so beobachteten wir erschüttert, wie Petrus für 240,- Dollar verscherbelt wurde. „Hier bitte noch unterschreiben ... vielen Dank! Und beehren Sie uns recht bald wieder, Herr ... Ratzinger."

## Gewalt ist eine Lösung

Letztendlich sorgte Lang Lang mit blanker Waffengewalt dafür, dass doch noch alles gut wurde. Die Israelis bekamen ihre Bundeslade zurück, Art Schocker sackte *Die Alte mit dem Kohlebecken* ein, um sie seinem ehemaligen Major Lothar Löffel zurückzubringen und ich und Hulapoko erlangten unsere Freiheit zurück. Irgendwie tat uns die verbohrte Honecker leid und wir schmissen noch an Ort und Stelle zusammen, um ihr ein Auslandsabo für das *Neue Deutschland* zu schenken. Pedro Neruda schwor, dass er aufgrund der großen Nachfrage sowieso vorhatte, auf Spitzwegkopien und – drucke umzusteigen und fortan Krenz seine Hehlerware entbehren könne. Der Jacobsister versprachen wir, ihr durch unseren Einfluss einen Job als Backgroundsängerin bei Frank Schöbel zu besorgen. Bevor sich alle verabschiedeten, sangen wir von Hulapokos Panflöte begleitet *Brüder zur Sonne, zur Freiheit* und *Pioniere voran.* Als sie sich unbeobachtet fühlte, wischte sich Margot Honecker eine Träne aus den Augen. Auch ich war gerührt. Irgendwo klingelte ein Handy.

## Ende (II)

# Nachwort

Heute ist der 21.12.2012. Ich werde nur wenige Minuten, nachdem ich diese Zeilen vollendet habe, mein Buch in die Welt setzen. Einfach so. Weil die Welt nicht untergegangen ist. Die Maya haben sich verrechnet. Das kann passieren und ich bin ihnen nicht weiter böse. Denn das Leben lebt von Fehlern. Ohne Fehler fallen keine Tore. Wäre ich ohne den einen oder anderen nautischen Fehler meiner ehemaligen Volksbildungsministerin jemals so nahe gekommen? Und was wäre ein Buch ohne Fehler? In diesem Sinne wünsche ich dem geneigten Leser viel Spaß bei der Suche und grüße mit einem alten Maya – Song von Bord der „Sea Fart 3":

Wiñik – *oñ*.
Letsem – *oñ!*
Añ – *oñla* tyi lak-otyoty.
buchul - *oñ* –ix.

Mein Dank gilt all den Seeleuten da draußen, die Tag für Tag ihre Gesichter in den Sturm des Lebens halten. Ob mit oder ohne Schiff. Und vor allem meiner Familie, ohne die mein abenteuerliches Leben gar nicht möglich wäre.

Und jetzt kommt Papa nach Hause.